JOGOS PARA ENSINAR ORTOGRAFIA
ludicidade e reflexão

Coleção
LÍNGUA PORTUGUESA NA ESCOLA

JOGOS PARA ENSINAR ORTOGRAFIA
ludicidade e reflexão

Artur Gomes de Morais
Tarciana Pereira da Silva Almeida

1ª edição
1ª reimpressão

autêntica

Copyright © 2022 Artur Gomes de Morais e Tarciana Pereira da Silva Almeida
Copyright desta edição © 2022 Autêntica Editora

Todos os direitos reservados pela Autêntica Editora Ltda. Nenhuma parte desta publicação poderá ser reproduzida, seja por meios mecânicos, eletrônicos, seja via cópia xerográfica, sem a autorização prévia da Editora.

EDITORAS RESPONSÁVEIS
Rejane Dias
Cecília Martins

REVISÃO
Aline Sobreira

CAPA
Alberto Bittencourt
(sobre imagem de Kaer_stock/Shutterstock)

DIAGRAMAÇÃO
Guilherme Fagundes

Dados Internacionais de Catalogação na Publicação (CIP)
(Câmara Brasileira do Livro, SP, Brasil)

Morais, Artur Gomes de
 Jogos para ensinar ortografia : ludicidade e reflexão / Artur Gomes de Morais, Tarciana Pereira da Silva Almeida. -- 1. ed. ; 1. reimp. -- Belo Horizonte, MG : Autêntica, 2024.

 Bibliografia.
 ISBN 978-65-5928-180-0

 1. Aprendizagem - Metodologia 2. Brincadeiras na educação 3. Educação 4. Jogos educativos - Atividades 5. Ortografia I. Almeida, Tarciana Pereira da Silva. II. Título.

22-111488   CDD-371.397

Índices para catálogo sistemático:
1. Jogos educativos : Métodos de ensino : Educação 371.397

Aline Graziele Benitez - Bibliotecária - CRB-1/3129

GRUPO **AUTÊNTICA**

Belo Horizonte
Rua Carlos Turner, 420
Silveira . 31140-520
Belo Horizonte . MG
Tel.: (55 31) 3465 4500

São Paulo
Av. Paulista, 2.073 . Conjunto Nacional
Horsa I . Salas 404-406 . Bela Vista
01311-940 . São Paulo . SP
Tel.: (55 11) 3034 4468

www.grupoautentica.com.br
SAC: atendimentoleitor@grupoautentica.com.br

CAPÍTULO 1
Breve apresentação... antes de começarmos a jogar 7

CAPÍTULO 2
Ensinando e aprendendo ortografia 11

CAPÍTULO 3
Os jogos e sua contribuição para a aprendizagem 33

CAPÍTULO 4
Planejamento geral do ensino de ortografia com jogos 43

CAPÍTULO 5
Jogos com regularidades diretas 65

CAPÍTULO 6
Jogos com regularidades contextuais 79

CAPÍTULO 7
Jogos com regularidades morfológico-gramaticais 111

CAPÍTULO 8
Epílogo... ou concluindo o jogo 147

Sugestões de leitura... ou para saber mais... 153

Referências 157

Apêndices 163

CAPÍTULO 1
BREVE APRESENTAÇÃO...
ANTES DE COMEÇARMOS A JOGAR

A escrita é um fenômeno complexo. Para "escrever certo", não basta dominar as relações mais simples entre sons e letras. Os aprendizes, após chegarem à hipótese alfabética, têm de descobrir outras relações fonema-grafema que exigem uma reflexão além do princípio alfabético inicial (segundo o qual acreditam que cada som é notado por uma única letra), de modo a poderem superar várias dificuldades ortográficas.

Ao observarmos textos escritos por nossos alunos, sejam eles do ensino fundamental, do médio ou até mesmo da graduação, verificamos que há uma série de erros ortográficos que indicam que o tratamento desse objeto de conhecimento na escola não tem favorecido que avancem no entendimento e na internalização de nossa norma ortográfica, com suas regularidades e irregularidades.

Reconhecemos que, até bem pouco tempo, o "ensino" de ortografia limitava-se apenas a verificar se o aprendiz já conseguia escrever corretamente, sem, no entanto, auxiliá-lo a refletir sobre a forma correta das palavras. Outra situação encontrada nesse "ensino" implicava "cantar" certas regras – como "antes de P e B se escreve M e não N" – e aplicar atividades que não propunham nenhuma reflexão. Felizmente, desde os anos 1990, e sobretudo a partir dos anos 2000, estudos evidenciaram como as crianças falantes do português aprendem a ortografia de nossa língua e como inovações podem favorecer essas aprendizagens, de uma forma lúdica e reflexiva.

Apesar desses estudos, a renovação no ensino de ortografia continua chegando às salas de aula muito timidamente, não por falta de vontade dos professores, mas por muitos ainda não conhecerem dois pontos fundamentais:

i) como a ortografia é organizada, o que a criança pode aprender compreendendo e o que ela precisa memorizar;
ii) que atividades podem favorecer a aprendizagem de questões ortográficas de diferentes tipos.

Os cursos de formação inicial, muitas vezes, não discutem o ensino desse conteúdo, e as ações de formação continuada também não têm dado a devida importância ao ensino de ortografia, apesar de haver cobrança (em todos os níveis de escolaridade) para que os alunos escrevam corretamente. É nesse contexto que este livro foi pensado, para auxiliar a você e a todos que atuam no ensino fundamental a desenvolver um bom ensino da ortografia, dando-lhes um suporte teórico e didático, que culmina em um ensino baseado em jogos.

Após esta breve apresentação, no segundo capítulo, retomaremos a norma ortográfica do português propriamente dita, apresentando a classificação de regularidades e irregularidades proposta por Morais (1998) e que é amplamente aceita pelos que estudam a notação escrita de nossa língua. Em seguida, discorreremos sobre como as crianças brasileiras aprendem ortografia e sobre como o ensino vem sendo reorientado, nas últimas décadas, sinalizando algumas alternativas baseadas numa perspectiva reflexiva.

No terceiro capítulo, discutiremos sobre a importância dos jogos na educação, em geral, e, de um modo específico, dos jogos didáticos voltados ao ensino de língua portuguesa, considerando tanto a apropriação do sistema de escrita alfabética (doravante, SEA) como os jogos voltados ao ensino de ortografia.

No quarto capítulo, traremos orientações gerais para trabalharmos com os jogos de ortografia em sala de aula. Além de focarmos a necessidade de você, professora ou professor, diagnosticar os conhecimentos ortográficos de seus alunos, elencaremos um conjunto de princípios para lhe ajudar a criar e conduzir sequências didáticas apoiadas em jogos, cuja prática concilia ludicidade e reflexão.

Nos capítulos 5 a 7, apresentaremos propostas de jogos didáticos específicos para cada grupo de regularidade de nossa norma. Iniciaremos cada capítulo relatando uma pesquisa na qual um conjunto de jogos foi testado, e, em seguida, tais jogos serão analisados, vendo os objetivos que visam alcançar e o "passo a passo" de sua utilização na sala de aula. Também daremos sugestões para que novos jogos – ou variações dos que por nós foram criados – sejam experimentados por você, com suas crianças.

No capítulo 5, vamos lhe apresentar quatro jogos para o trabalho com as *regularidades diretas*. Os jogos desse tipo de dificuldade mais simples foram criados em quatro versões, de forma a atender alguns diferentes pares de letras (como P/B, T/D, F/V) que costumam provocar confusão nos aprendizes principiantes, que ainda se encontram em processo de consolidação daquelas relações fonema-grafema menos complexas.

Jogos que se propõem a auxiliar no ensino das *regularidades contextuais* estão elencados no capítulo 6. Considerando o fato de que cada uma daquelas regularidades (usos de C/QU, G/GU, R/RR e M/N em final de sílaba) tem uma lógica própria, os jogos foram elaborados pensando-se em cada caso de contexto específico. Faremos também sugestões para que você confeccione outros jogos que envolvam regras contextuais, como os empregos de E ou I e O ou U no final de palavras.

Como último grupo de jogos, apresentaremos, no capítulo 7, aqueles que vão lhe ajudar a ensinar as *regularidades morfológico-gramaticais*. Eles tratam de pares de sufixos que criam palavras derivadas (como ESA/EZA, de "chinesa" e "beleza") ou desinências verbais (como AM e ÃO, de "cantaram" e "cantarão") e também foram formulados pensando-se nas especificidades daquelas regras.

Salientamos que todos esses jogos foram concebidos e testados no âmbito de pesquisas realizadas por nós,[1] com o propósito de trabalhar com diversas regras específicas, que se mostraram como mais complexas para os alunos que acompanhamos. Se, por um lado, isso indica a viabilidade e a eficácia decorrentes de seu emprego, por outro lado significa que você, professora ou professor, talvez

---

[1] Essas pesquisas culminaram na dissertação e na tese de doutorado da segunda autora, desenvolvidas sob a orientação do primeiro autor (cf. ALMEIDA, 2012; 2018).

não identifique nos seus alunos as mesmas dificuldades que nós encontramos, e, então, os exemplos aqui apresentados podem servir como modelos para a formulação de novos jogos, que atendam às necessidades reais de seus estudantes.

No epílogo, ou capítulo 8, denominado "Epílogo... ou concluindo o jogo", traremos uma síntese de nossas considerações sobre o emprego dos jogos, quando nossa tarefa, como educadores, é ensinar ortografia. Mencionaremos os cuidados que temos quando vamos ensinar os casos irregulares de nossa norma e as razões que nos levam a ser cautelosos para não estimularmos jogos competitivos que induzam à memorização de palavras que não são importantes ou significativas para a expressão escrita de nossos alunos.

Desejamos, com essa breve proposta, que você e todas/os que ensinam nos anos iniciais do ensino fundamental possam ajudar seus estudantes no processo de reflexão sobre escrita de palavras, de uma maneira divertida e instigante. Basta então que vocês se inspirem em nossas sugestões, ajustem o proposto às necessidades de seus alunos reais, confeccionem certas figuras ou cartelas, fotocopiem fichas, quando necessário, e providenciem o que for adequado para cada jogo, a fim de convidar seus alunos para aprender ortografia, brincando e pensando. Vamos jogar!

Agradecimentos

Antes de começar, queremos registrar nossos agradecimentos:

- às escolas, professoras e crianças que conosco vivenciaram as situações de ludicidade e reflexão aqui relatadas;
- aos colegas Magda Soares, Alexsandro da Silva, Ana Cláudia Pessoa e Sheila Barros, pela leitura prévia dos originais e pelo carinho com que nos propuseram cuidadosas sugestões. Pedimos desculpas aos quatro pelo que tenhamos esquecido de retificar, em função de nossa ansiedade por concluir este texto e "colocar nossos jogos na rua", de modo que docentes como você, e as crianças com que trabalha, possam viver uma relação mais prazerosa com a norma ortográfica de nossa língua.

CAPÍTULO 2

ENSINANDO E APRENDENDO ORTOGRAFIA

> Iniciaremos este capítulo discutindo sobre a *organização* da norma ortográfica da língua portuguesa no Brasil. Em seguida, teceremos considerações sobre o *aprendizado* da ortografia em nosso país e sobre o *ensino* dessa norma, tal como vêm sendo explicados por diferentes pesquisas. Nossa intenção, portanto, é tripla e visa a ajudar você, docente, a:
>
> 1. compreender as diferentes peculiaridades de nossa norma ortográfica;
> 2. entender como as crianças gradativamente aprendem essa norma; e
> 3. conhecer o que pesquisas já têm demonstrado sobre o efeito de diferentes didáticas quando o tema é ortografia.

A organização da norma ortográfica de nossa língua

Para que possamos ajudar nossos estudantes a aprender ortografia – e não apenas memorizar a escrita de palavras isoladas –, é preciso que saibamos como a ortografia do português é estruturada, já que o aprendizado das diferentes regras e irregularidades acontece de forma distinta, como veremos na seção "Crianças brasileiras aprendendo ortografia: o que as pesquisas revelam?".

O sistema de escrita da língua portuguesa é de base alfabética e nota os sons menores das palavras, ou seja, os fonemas. Nossos estudantes, para começarem a se apropriar da escrita, têm de perceber que ela não registra a forma física ou as características funcionais dos objetos. Em vez disso, o sistema alfabético nota (ou registra) os segmentos sonoros das palavras que falamos, e, para que possam escrever tais palavras, os aprendizes precisam perceber que elas contêm sílabas orais, mas que essas sílabas, por sua vez, são compostas por unidades menores, que são os fonemas. Tudo isso acontece no percurso que leva os principiantes a uma hipótese alfabética de escrita.

Apesar de boa parte dos usuários considerar a língua portuguesa como uma língua complexa, ela é relativamente transparente em suas relações entre letras e sons (cf. Soares, 2016). Além disso, sua estrutura silábica é bem mais simples que a de línguas como o inglês e o francês. No caso do português, a "sílaba canônica" (formada por consoante + vogal, como em "sacola") é a predominante na maioria das palavras, chegando a constituir mais da metade de todas as sílabas das palavras da língua, como nos ensina Marques (2008). Contudo, mesmo com essa relativa transparência nas relações fonográficas, ainda há muitas correspondências fonema-grafema que exigem um grau de atenção especial por parte do aprendiz, pois há várias letras que representam mais de um som e casos em que um mesmo som pode ser notado por várias letras ou dígrafos.

Pensemos nos conflitos vivenciados por seus alunos que alcançaram uma hipótese alfabética de escrita e que têm de escrever as palavras "rosa", "anjo" ou "carro". Para eles, se o som da segunda sílaba da palavra "casa" é [za], por que têm de escrever com S? E como escolher a notação da primeira sílaba de "anjo"? É AN, AM, Ã ou A, como em "ama"? Finalmente, por que escrever RR na palavra "carro", se para escrever "roda" só é preciso um R? Esses são alguns dos inevitáveis dilemas que os principiantes terão de resolver e que estão ligados à ortografia.

Cada língua define uma série de convenções ortográficas para "fixar" sua escrita. Essas convenções sociais são necessárias para "'cristalizar' na escrita as diferentes maneiras de falar dos usuários de uma mesma língua. Escrevendo de forma unificada, podemos nos comunicar mais facilmente" (Morais, 1998, p. 19).

Pensando no tamanho de nosso país, onde cada região tem suas peculiaridades e seus modos de falar (sotaques, dialetos), se não tivéssemos uma ortografia oficial, como a maioria das pessoas das regiões Nordeste e Sudeste notariam as palavras "boneca" e "tia"? Será que fariam as mesmas escolhas de letras, caso tivessem de se basear apenas na pronúncia de seus naturais sotaques? Se assim fosse, provavelmente no Nordeste muitas notações seriam *buneca e tia, ao passo que, no Sudeste, escritas possíveis seriam boneca e *tchia.[2]

Apesar de a ortografia ser necessária, ela não se instituiu de forma tranquila, pois, conforme nos lembra Bagno (1999, p. 123): "A ortografia oficial é fruto de um gesto político, é determinada por decreto, é resultado de negociações e pressões de toda ordem (geopolíticas, econômicas, ideológicas)". Em nosso caso, houve demora para entrar em vigor o último acordo ortográfico, que permitiu a unificação da norma ortográfica dos países falantes da língua portuguesa, e o Brasil passou a utilizá-lo em 2009, ao passo que Portugal só o instituiu em 2010.

Desde a década de 1980, diversos estudiosos (cf. CARRAHER, 1985; LEMLE, 1986) investigaram como as crianças escrevem, observando os desvios nas escritas infantis, e propuseram classificações das relações entre fonemas e grafemas. Essas classificações, no entanto, nem sempre consideravam que certas correspondências fonográficas são regulares ou separavam casos que tinham lógicas idênticas, não conseguindo, de modo mais direto, auxiliar professores no ensino da ortografia.

Segundo Ferreiro (2014), uma classificação a partir dos desvios da norma ortográfica dá destaque aos desacertos e não atenta para os acertos. Assim sendo, adotaremos nesta obra a classificação de Morais (1995; 1998), por considerar que ela parte de uma análise das relações entre os segmentos orais das palavras e os grafemas que os registram na escrita, resultando numa clara distinção entre as regularidades

---

[2] Ao longo deste livro, as palavras escritas com erro serão sempre precedidas de um asterisco (*).

e irregularidades existentes nas correspondências fonográficas do português brasileiro.[3]

Antes de apresentá-las, cabe fazer dois esclarecimentos:

1) No caso da ortografia, estamos tratando de relações "fonográficas", isto é, que vão do som à letra. Para saber se a notação de determinado segmento sonoro é regular ou irregular, (por exemplo, o som /z/ de "zabumba"), nossa pergunta é: o aprendiz tem como explicar por que tem de usar aquela grafia, sem ter memorizado?

2) Obviamente, para analisar relações entre letras e sons, é preciso optar por um dialeto, isto é, ter como referência a forma de pronunciar as palavras de fato usada por pessoas de um grupo sociocultural de uma região. Morais (1995; 1998) optou pelo dialeto das pessoas com alta escolarização em Recife (PE), e, neste livro, também adotaremos essa opção.

Morais (1995; 1998) afirma que nossa norma ortográfica é composta por *regularidades* e *irregularidades* nas correspondências entre sons e letras.[4] Vamos conhecer, agora, esses dois conceitos?

▪ Regularidades

Quando falamos em *regularidades*, estamos considerando que nosso aprendiz, ao refletir sobre a escrita de palavras, com ou sem a mediação da/o docente, pode descobrir um *princípio gerativo* que vai lhe permitir escrever corretamente palavras com a mesma dificuldade.

---

[3] Nessa classificação não misturamos regras de leitura (correspondências entre grafemas e fonemas) com regras de ortografia (correspondências entre fonemas e grafemas). Veja-se por exemplo que, embora na leitura tenhamos uma regra para ler o S de "casa" como [z], na hora de escrever "azar" e "casa" não há nenhuma regra ortográfica que explique por que são notadas com Z e S, respectivamente.

[4] Embora tecnicamente se fale de relações entre fonemas e grafemas, neste livro, para simplificar, trataremos correspondências ou relações entre sons e letras como sinônimo de correspondências ou relações entre fonemas e grafemas ou entre morfemas e grafemas.

Quando existem *regras* ou princípios gerativos, você, docente, deve promover atividades de reflexão sobre as relações som-letra, levando os aprendizes a comparar palavras, a classificá-las quanto aos sons e letras com que se escrevem ou a observar os morfemas (menores unidades de significado da língua) e suas formas escritas.

Assim, você, professor/a, possibilitará que os estudantes *compreendam* determinada regra, fazendo-os *generalizar* o seu emprego, vindo a usá-la corretamente até mesmo em palavras que nunca tenham ouvido ou lido antes. Um exemplo seria a exploração dos sons do R em diferentes contextos das palavras. Quando bem conduzida, ela possibilita ao aprendiz compreender que na palavra "carroça" usa-se RR para se obter o mesmo som do R de "rosa", e que o som do R em "carroça" e "caroço" é diferente. Isso permitirá à criança pequena acertar na escrita de uma palavra como "desforra", que, provavelmente, ela não teve oportunidade de escrever antes.

Regularidades diretas

Essas relações fonográficas são as mais simples, porque, para notar os fonemas em questão, só temos uma letra em nossa língua. Elas abrangem o emprego de P, B, T, D, F e V, além do M e do N no início de sílabas. Chamamos a atenção para os seguintes detalhes:

- As trocas (por exemplo de P por B ou de F por V) são naturais quando as crianças alcançam uma hipótese alfabética e se devem a uma dificuldade de distinção fonológica, já que os fonemas a que essas letras se referem são muito parecidos. Por exemplo, no caso do par mínimo de fonemas /p/ e /b/, ambos são produzidos "explodindo ar entre os lábios", e a única diferença entre eles é o fato de que para um deles – o /p/ – as pregas vocais não vibram, ao passo que para o outro – o /b/ – elas, sim, vibram.

Incluímos o M e o N de início de sílaba ou de palavra, porque, em nossa língua, para notar os sons do início das palavras "moto" e "navio", só dispomos, respectivamente, da letra M e da letra N. Quando nossos alunos misturam essas letras, no início de palavras ou sílabas, geralmente é porque se complicam "com a quantidade de perninhas" de cada uma.

O Quadro 2.1, a seguir, sintetiza as regularidades diretas de nossa ortografia.

Quadro 2.1: Regularidades diretas do português brasileiro e exemplos de palavras onde ocorrem

Relações som-letra	Usos das regularidades
Só existe uma letra na língua para notar determinado som.	M e N no início de palavras ou sílabas, F, V, T, D, P, B. Exemplos: "mata", "nata", "faca", "vaca", "toca", "doca", "pico", "bico".

Regularidades contextuais

Nesse segundo grupo, as relações entre fonemas e grafemas se tornam mais complexas, porque um mesmo fonema pode ser notado por mais de uma letra (ou por um dígrafo). A título de exemplo, tomemos o fonema /ã/, que aparece de cinco formas distintas em nossa ortografia: A*N*JO, A*M*BOS, C*A*MA, M*A*NHA e MAÇÃ. Nesses casos, o contexto em que a relação fonográfica ocorre é que determinará qual letra ou dígrafo usar. E, para aprender as formas corretas e usá-las de modo gerativo, é preciso que nós, docentes, levemos as crianças a compreender os diferentes contextos e suas peculiaridades. Observe que o "contexto" pode se referir:

- *à posição do som na palavra*, que faz com que tenhamos certeza de que "zabumba", "zebra", "zinco", "zorra" e "Zuza" começam com Z; assim como temos certeza de que "roça" se escreve com um R só, mas "carroça" se escreve com RR;
- *à letra que antecede uma correspondência fonográfica*, como acontece no emprego de M ou N em final de sílaba nasal: se a

sílaba seguinte começa com P ou B, usamos M, enquanto nos demais casos usamos N;
- *à tonicidade da sílaba e à posição* em que determinada correspondência fonográfica ocorre. Assim, temos certeza de que "tato" se escreve com O, porque o fonema /u/ é átono em final de palavra, enquanto "tatu" se escreve com U, porque, nesse caso, o /u/ final é tônico.

Mas precisamos estar alertas para uma fonte de complexidade adicional. Algumas regras contextuais são *universais* e se aplicam de forma generalizada para todas as palavras da língua, como no caso do emprego do R ou RR em palavras como "rádio", "carro", "genro", "porta", "prato" e "barato". Mas, em outros casos, determinadas regras contextuais cobrem um conjunto de palavras, mas não todas, como acontece na notação do fonema /j/ Se todas as palavras com [ja], [jo] e [ju] se escrevem com J (como "jarro", "tijolo" e "caju"), independentemente da posição em que aquelas sílabas se encontrem na palavra, no caso da escrita das sílabas orais [je], [jE] e [ji], praticamente não temos regras e precisamos memorizar que "gelo" e "girafa" se escrevem com G, ao passo que "jiboia" se escreve com J. O mesmo ocorre com "jegue" e "geleia".

O Quadro 2.2, a seguir, sintetiza as principais regularidades contextuais de nossa ortografia.

Quadro 2.2: Regularidades contextuais do português brasileiro e exemplos de palavras onde ocorrem

Relações som-letra	Usos das regularidades
A escolha da letra ou do dígrafo é definida segundo a posição que ocupa na sílaba ou palavra, a letra com que começa a sílaba seguinte ou a tonicidade (do som a ser notado).	• I em palavras como "aqui" e "sapoti" (fonema /i/ tônico final) e E em "mole" e "doce" (sons /i/ finais átonos); • U no final de palavras terminadas com o som /u/ tônico, tal como em "bambu", e O para o som /u/ final átono, tal como em "bambo";

Relações som-letra	Usos das regularidades
	• R ou RR em palavras como "rede", "carta", "serrote", "honra", "pirata", "grade";
	• G ou GU em palavras como "gato" ou "guerreiro";
	• C ou QU, notando o som /k/ em "cabelo" e "quilombo";
	• J combinado com A, O ou U, como em "jaca", "joia" ou "juiz";
	• Z em palavras começadas por esse som, como em "zabumba";
	• S no início de palavras seguidas por A, O ou U. Ex: "sacola", "sorriso" e "suco";
	• M, N, NH, ~ ou nenhuma letra adicional para marcar a nasalização, como em "pombo", "tango", "minhoca", "cana" e "cama".

Regularidades morfológico-gramaticais

Esse último grupo é composto por regras ortográficas que são definidas a partir de morfemas, isto é, de partes das palavras que têm significados próprios.[5] Como saber se o adjetivo que se refere a uma mulher que nasce em Portugal termina com ESA ou EZA? Nesse caso, analisar os sons das correspondências fonográficas não é suficiente para usar a regra existente, e é necessário observar a

---

[5] As palavras podem ser constituídas por um ou mais de um morfema. Assim, se em "fim" temos um só morfema, na palavra "infinitamente" temos vários (IN-FINIT-A-MENTE), cada um com seu significado. No caso dessa última palavra, o IN corresponde a um prefixo, que indica negação. Já o MENTE é um sufixo que, em nossa língua, serve para formar advérbios de modo ("lentamente", "felizmente" etc.).

categoria gramatical da palavra. Nesse grupo temos basicamente regras que envolvem:

- sufixos de derivação lexical, isto é, sufixos a partir dos quais são formadas novas palavras como adjetivos (p. ex: "portugu*esa*", "ingl*esa*", "franc*esa*", "japon*esa*"), substantivos comuns ("cha*tice*", "doid*ice*", "mesm*ice*"), substantivos coletivos ("milhar*al*", "cafez*al*", "canavi*al*") etc.;
- *flexões verbais* que especificam o futuro ("cantar*ão*") em oposição a outros tempos verbais ("cant*am*", "cantar*am*", "cantav*am*"); o imperfeito do subjuntivo (canta*sse*, "come*sse*", "dormi*sse*") etc.

O Quadro 2.3, a seguir, sintetiza, ainda mais detalhadamente, como estão organizados os dois tipos de regularidades morfológicas de nossa ortografia, que você precisa distinguir bem, para poder ensinar ainda melhor.

Quadro 2.3: Exemplos de regularidades morfológicas do português brasileiro e de palavras que as contêm

Relações som-letra	Usos das regularidades
A relação letra-som é definida em função da categoria gramatical da palavra.	• final ÊS ou ESA para adjetivos pátrios e títulos de nobreza("japonês"/"japonesa", "marquês"/"marquesa" etc.); EZ ou EZA para substantivos derivados de adjetivos ("rapidez", "beleza" etc.); • final L para adjetivos terminados em /aw/ ("legal", "genial"); • final L para coletivos terminados em /aw/ ("cafezal", "bananal");

Relações som-letra	Usos das regularidades
	• S em adjetivos terminados em [ozu] ("talentoso", "famoso" etc.);
	• C em substantivos terminados em [isi] ("tolice", "chatice" etc.).
	Flexões verbais
	• U final para a 3ª pessoa do singular do pretérito perfeito do indicativo ("comprou", "comeu", "dormiu");
	• final ÃO para flexões verbais da 3ª pessoa do plural no futuro ("tentarão", "sairão" etc.); e AM em todas as outras;
	• 3ᵃˢ pessoas do plural terminadas em /āw/ ("perceberam", "percebam", "percebiam" etc.);
	• SS nas flexões do imperfeito do subjuntivo ("cantasse", "comesse", "pedisse");
	• D nos gerúndios, mesmo que não seja pronunciado em certos dialetos ("andando", "comendo", "indo");
	• R nos infinitivos, apesar de não ser pronunciado em quase todas as regiões do país ("cantar", "sair", "comer").

- **Irregularidades**

As correspondências fonográficas irregulares, por sua vez, fogem a qualquer regra que nos permita fazer uma generalização, pois foram fixadas a partir da etimologia das palavras (forma como eram escritas em suas línguas de origem) ou por certa "tradição de uso". Por que escrevemos "girassol" com G, ao passo que "jiló" é notado com J, se o som é o mesmo? Não há nenhuma regra que justifique essa diferença.

Desse modo, para escrever corretamente, o aprendiz deve recorrer à memorização, diferentemente da aprendizagem das regularidades, que exige compreensão. Outros exemplos de irregularidades são, conforme Morais (1995; 1998):

- o som do S em "*s*eguro", "*ci*garra", "pi*s*cina", "ca*ç*ador", "pa*ss*arinho", "nari*z*", "e*x*sudar", e*x*ceto", "cre*s*ça e "au*x*ílio";
- o som do Z em "a*z*edo", "ca*s*a" e "e*x*ílio";
- o som do X em "en*x*ada" e "*ch*ave";
- o H inicial em "*h*istória" e "*h*ospital";
- a disputa entre E e I, O e U em sílabas átonas que não estão no final das palavras, como em "c*i*garra/s*e*gundo" ou "b*o*nito/b*u*raco";
- a disputa do L e LH antes de certos ditongos orais, como "família", "parti*lh*a", "ju*lh*o" e "Jú*li*o";
- certos ditongos de pronúncia reduzida, como nas palavras "c*ai*xa", "t*e*soura" e "p*ei*xe".

Como você verá no último capítulo desse livro, além de memorizar, aprender a consultar dicionários é fundamental para nossos aprendizes encontrarem as formas corretas, quando tiverem dúvidas sobre casos irregulares de nossa norma. Ao ensinar, defendemos que a escola privilegie as palavras irregulares *de uso frequente*, isto é, aquelas que a criança certamente vai precisar escrever com mais frequência. Antecipando um pouco do que vamos propor, e dando um exemplo concreto, pensamos que é mais importante ajudar a criança a, desde cedo, escrever "homem", "hoje" e "hora", palavras que reaparecerão nos textos de que será autora, que cobrar, aos 7 ou 8 anos, que ela não erre ao escrever palavras raras como "harpa", "holofote" ou "hélice".

A partir dessa classificação, podemos adentrar na nova seção, na qual nosso objetivo é discutir como tem sido explicado o aprendizado da ortografia entre crianças brasileiras. Vamos avançar?

Crianças brasileiras aprendendo ortografia: o que as pesquisas revelam?

Como em nossa língua, geralmente, as relações entre fonemas e grafemas não são diretas (isto é, com a existência de uma única letra para cada som), nossos alunos, após compreenderem o princípio alfabético do nosso sistema de escrita, ainda têm desafios a enfrentar:

- compreender as regularidades nas relações entre as correspondências fonográficas e dominar o uso das letras ou dígrafos adequados conforme a regra;
- identificar e memorizar as irregularidades de uso mais frequente;
- automatizar a escrita das diferentes estruturas silábicas da língua.

Apesar de estarmos, aqui, considerando as dificuldades ortográficas dos alunos a quem ensinamos nos anos iniciais do ensino fundamental, não podemos deixar de salientar que muitos erros ortográficos são verificados em todas as etapas da escolaridade; você concorda? Consideramos que isso seja uma consequência de a ortografia não ter sido (e, em muitos casos, ainda não ser!) tratada como um objeto de conhecimento em si, que merece um ensino ajustado às especificidades das diferentes correspondências fonográficas e aos níveis de nossos aprendizes.

Alguns estudos realizados na década de 1980 se propuseram a compreender, a partir da análise dos erros ortográficos das crianças, como se dava o aprendizado das regras e irregularidades. Vamos ver, agora, o que eles elucidaram?

Numa pesquisa pioneira, Carraher (1985) demonstrou que há uma lógica por trás dos erros ortográficos e que uma mesma criança pode apresentar, em um mesmo texto, diferentes hipóteses sobre a escrita das palavras, registrando, por exemplo, *meninu, *minino, *mininu e menino para escrever a palavra "menino". Em uma pesquisa realizada posteriormente, Nunes (1992) encontrou indícios que a levaram a constatar que as regras contextuais não eram todas aprendidas ao mesmo tempo, ou seja, o fato de a criança saber empregar corretamente C e QU não significa que ela consiga utilizar corretamente as regras relativas ao G/GU, M/N em fim de sílaba, aos usos de R e RR etc. Você já constatou isso, com suas turmas?

Os estudos de Nunes (1992) e Monteiro (1995) indicaram, por outro lado, que algumas regras são dominadas primeiramente na leitura e só depois na escrita. Essa última pesquisa (MONTEIRO, 1995) permitiu observar, também, que as crianças apresentavam maior dificuldade em lidar com regras contextuais quando não conheciam previamente a forma gráfica das palavras ou o seu significado, algo bem compreensível, não é?

Essa relação entre a ortografia e o significado das palavras também foi evidenciada numa pesquisa posterior de Guimarães e Roazzi (1999). Esses autores observaram que, se pedirmos a uma criança que escreva as expressões "concerto de violino" e "conserto de carro", ela pode escolher uma das formas para registrar as duas expressões, vindo a escrever "*concerto de carro", por exemplo. Com o avançar da escolaridade, os estudantes que participaram da pesquisa tendiam a compreender melhor os significados e a usar corretamente as duas palavras.

Posteriormente, um estudo de Monteiro (1999) apontou indícios de que um desempenho superior na leitura, com relação à escrita, poderia ser fruto do uso do conhecimento dos aprendizes sobre o vocabulário de nossa língua. Isso foi verificado quando crianças, após lerem certa palavra, associavam-na ao seu significado e tendiam a corrigir a leitura de palavras que haviam pronunciado erradamente. Um exemplo é a leitura da palavra "colher", na frase "Luana vai colher flores". Se a criança leu "colher" como substantivo (instrumento que usamos para comer) e esteve atenta à significação da frase lida, provavelmente ela retomava e lia com o som fechado /e/ a palavra "colher", pronunciando-a como verbo. Você já observou seus alunos fazendo essas autocorreções? É muito interessante, não?

Tentando compreender como os aprendizes processam em suas mentes as regras e irregularidades de nossa norma ortográfica, Morais

(1995) realizou uma pesquisa que envolveu 116 estudantes de escolas de Recife, que estavam concluindo o 2º, 3º e 4º anos do ensino formal em leitura e escrita. Metade deles eram alunos de uma escola pública de um bairro popular, e a outra metade frequentava uma escola particular que atendia à classe média. As três tarefas realizadas pelas crianças consistiram em:

1) um ditado de palavras em um texto que contava a história de um cavalo;
2) a reescrita do mesmo texto com transgressões intencionais, isto é, a criança deveria escrever com erros ortográficos propositais, como se fosse um aluno que comete muitos erros ao escrever; e
3) uma entrevista individual para verificar o que as crianças consideravam erros de ortografia e para pedir que explicassem os erros intencionais que haviam produzido, explicando a regra violada ou afirmando a inexistência de regra (nos casos irregulares).

A hipótese de Morais era que, para ter um bom desempenho ortográfico, as crianças não precisavam apenas memorizar palavras isoladamente, mas também desenvolver uma consciência explícita sobre as diferentes regras e irregularidades de nossa norma.

Os resultados daquela pesquisa evidenciaram que o rendimento ortográfico melhorava de uma série para outra e que o maior número de erros acontecia nas correspondências irregulares e em palavras infrequentes na língua. Essa animadora relação do aumento do rendimento com a escolaridade também foi evidenciada nos estudos posteriores de Melo (2001), Queiroga, Lins e Pereira (2006), Pessoa (2007), Conti (2011) e Mota *et al.* (2013).

Outra evidência encontrada foi relativa à influência da origem sociocultural, já que os estudantes da escola pública de meio popular apresentaram sempre um rendimento ortográfico significativamente inferior aos alunos da classe média. Esse dado preocupante foi corroborado pelas pesquisas de Melo (2001), Pessoa (2007) e Almeida (2018).

Morais (1995) verificou, ainda, que os alunos com melhor rendimento no ditado transgrediram mais intencionalmente, elaborando erros mais sofisticados (por exemplo, inventavam *sidadi* para "cidade". Esses alunos "bons em ortografia" também conseguiam verbalizar quais regras haviam violado (por exemplo, diziam que *cachoro* está errado porque "entre duas vogais tem que ser RR pra ser forte") ou afirmavam a não existência de regras nas palavras com irregularidades que eles, propositalmente, tinham escrito com erros (por exemplo, ante a pergunta do adulto "porque você sabe que *caxorro* é errado?", diziam "porque eu decorei!"). Já os alunos com dificuldades ortográficas inventavam erros nada complexos ou plausíveis (como *cidaaade* para "cidade") e não sabiam explicar as poucas regras que tinham transgredido. Esses dados demonstraram algo fundamental: quanto maior for o nível de consciência que nossos alunos elaboram sobre as regras ou irregularidades ortográficas, mais sucesso terão na hora de escrever seus próprios textos!

Ainda na última década do milênio passado, Rego e Buarque (1997) realizaram um estudo em que acompanharam 46 crianças de classe média baixa, estudantes de uma escola particular, aplicando testes no início e no final da 1ª série e ao final da 2ª série (atuais 2º e 3º anos do ensino fundamental), a fim de investigar a escrita de palavras com regularidades contextuais (QU, GU, RR, SS[6] e nasalização antes de P e B) e regularidades morfológico-gramaticais (incluindo o passado de verbos terminados em IU e AM, como "dormiu" e "cantaram"; substantivos terminados em IL, IO e ÃO, como "gentil", "navio" e "feijão", além de verbos no infinitivo terminados em AR e substantivos terminados em A, como "cantar" e "canta").

Os resultados dessa pesquisa revelaram que, para a criança aprender regras contextuais que envolvem apenas o contexto fonográfico, é preciso que ela tenha desenvolvido a consciência fonológica, atentando para as mudanças nas relações letra-som, como ocorre nos casos do G/GU, C/QU e R/RR. Já para aprender regras morfológico-gramaticais

---

[6] Neste livro consideramos que o uso de SS é regular contextual somente na leitura (porque sempre vai ser lido com o som [s]. Já na escrita a maioria dos casos de SS é irregular, exceto quando se trata da flexão verbal do imperfeito do subjuntivo ("cant*asse*", "com*esse*", "dorm*isse*").

(ou morfológicas), seria preciso ela diferenciar classes de palavras, como identificar que "chatice" é uma palavra derivada de "chato" (ou seja, é um substantivo derivado de adjetivo), e que "partisse" indica uma ação (um verbo), mesmo que não consiga usar essa terminologia gramatical. Conseguindo diferenciar os substantivos dos verbos, ela escreverá corretamente, por exemplo, os morfemas ICE e ISSE das palavras "chatice" e "partisse" (cf. REGO; BUARQUE, 1997).

E o que nos informam as investigações realizadas no atual milênio?

Estudos realizados a partir dos anos 2000 trouxeram resultados que confirmaram essas pesquisas realizadas anteriormente, reforçando-as e nos estimulando a pensar em didáticas que promovessem um ensino de ortografia mais adequado às necessidades que nossos alunos revelam.

Melo (2001) realizou uma pesquisa com 127 crianças (de classe popular e classe média) e buscou identificar as regras morfológicas consideradas mais difíceis para os aprendizes, bem como constatar o efeito do tempo de escolaridade e da origem sociocultural no aprendizado dessas regras. Os resultados apontaram que algumas regras morfológicas são aprendidas antes de outras (por exemplo, as crianças tendem a escrever corretamente mais cedo o AR, ER e IR dos infinitivos que o SSE do imperfeito do subjuntivo). Mostraram, ainda, que a origem sociocultural e o tempo de escolarização atuaram como fatores determinantes sobre a aprendizagem das regras morfológicas. Isto é, mais uma vez constatou-se que os aprendizes de meio popular tinham um rendimento significativamente mais baixo que seus pares de classe média e que, no geral, com o avanço da escolarização os progressos se tornavam evidentes. Mas, é claro, alguns indivíduos continuavam revelando grandes dificuldades.

Também em Recife, Pessoa (2007) realizou sua investigação junto a 40 crianças de 2ª e 4ª séries (atuais 3º e 5º anos), sendo metade alunos das classes populares e a outra metade composta por crianças de classe média. A pesquisadora buscou verificar a existência de relações entre o rendimento ortográfico, habilidades metalinguísticas e o nível de explicitação verbal das regularidades, isto é, a capacidade de o aprendiz verbalizar, por exemplo, por que "portuguesa" se escreve com S, enquanto "beleza" se escreve com Z.

Investigou, então, 22 regras de contexto e 10 regras morfológico-gramaticais, e os resultados indicaram que o desempenho ortográfico variou, primeiramente, em função do grupo sociocultural e, depois, do tempo de escolaridade. As crianças com melhor desempenho ortográfico tendiam a verbalizar melhor as regras estudadas, tal como Morais (1995) tinha observado antes. A autora concluiu que os mais baixos desempenhos ortográficos dos estudantes de classes populares poderiam estar relacionados às menores possibilidades de acesso à cultura escrita e à falta de um ensino que, efetivamente, promovesse a reflexão sobre regularidades e casos irregulares de nossa norma ortográfica.

O que podemos então concluir? Entendemos que as diferentes pesquisas elencadas aqui mostraram a complexidade do processo no qual os aprendizes vão se apropriando das regras ortográficas e memorizando os casos irregulares. Havíamos afirmado, na seção anterior, que, como as regularidades podem ser aprendidas por meio de reflexão, ao passo que as irregularidades só podem ser dominadas por meio de memorização, é preciso enfatizar a diferença no tratamento dado a essas correspondências fonográficas, quando formos planejar o ensino. Além de confirmar isso, os estudos há pouco revisados demonstraram que a tomada de consciência sobre "o que tem regras e o que não tem" também constitui um fator fundamental para nossos alunos avançarem em seu aprendizado da norma ortográfica. Desse modo, essas pesquisas acabaram por oferecer, tanto aos pesquisadores como às/aos docentes, elementos que lhes possibilitam buscar respostas para uma questão didática importantíssima: *Como redirecionar o ensino de ortografia, fugindo do modo "tradicional" baseado na memorização e repetição, e promovendo um ensino de tipo reflexivo*? Vamos lhe apresentar, na próxima seção, como isso vem ocorrendo.

O ensino de ortografia: por que as pesquisas nos levam a defender um ensino baseado na reflexão?

A palavra "reflexão" aparece no título deste livro, e essa escolha não foi casual.

A partir da década de 1980, com a difusão das pesquisas sobre alfabetização e letramento, os docentes passaram a planejar situações de ensino de modo a ajudar os alunos a avançarem em relação à leitura e à produção de textos. O ensino de ortografia, no entanto, não apresentava avanços (Morais, 1998). Foi só na última década do século XX que alguns pesquisadores resolveram investigar mais a ortografia e descobrir didáticas que promovessem sua aprendizagem de modo reflexivo.

Como você aprendeu ortografia? Possivelmente escrevendo palavras ou frases ditadas pela professora e copiando muitas vezes cada palavra que, originalmente, escreveu errado, de modo a garantir a memorização daquelas palavras específicas. Esse tipo de atividade podia se prestar para *verificar* os conhecimentos ortográficos das crianças, mas não havia um ensino real das convenções da ortografia.

Durante certo período (ainda hoje há quem caia nessa crença!), acreditava-se que apenas expor o aprendiz a bons modelos de escrita era o suficiente para que ele escrevesse sem erros ortográficos. É lógico que, quanto mais acesso tivermos aos materiais escritos, sobretudo aos impressos, mais possibilidades teremos de escrever corretamente, pois podemos recorrer à imagem das palavras já lidas e memorizadas em nosso léxico mental, para poder escrevê-las. Como vimos na seção anterior, algumas pesquisas (Morais, 1995; Pessoa, 2007; Almeida, 2018) trouxeram evidências de que crianças de contextos socioeconômicos mais favorecidos, onde há maior circulação de material escrito, tendem a apresentar um desempenho ortográfico superior ao das crianças de classes populares. Quem nunca, no caso de dúvidas quanto à escrita de uma palavra, precisou escrevê-la, para ter certeza de que estava correta? Nossa memória é uma importante ferramenta, mas não precisamos sobrecarregá-la, se podemos contar com outros recursos.

Defendemos, sem qualquer dúvida, que a ortografia deve ser tratada como um objeto de ensino explícito e sistemático, o que pressupõe a definição de metas a cada etapa e a cada ano da escolarização, um planejamento cuidadoso (dando diferentes tratamentos às regularidades e irregularidades) e o monitoramento constante (diagnóstico) das aprendizagens, conforme trataremos no capítulo 4.

No fim da década de 1990, foram realizados alguns estudos sobre um ensino alternativo de ortografia, que estimulava os aprendizes a refletirem sobre as palavras, discutirem, compreenderem as regras e, sobretudo, tomarem consciência delas, ao ponto de poderem verbalizá-las (cf. MELO; REGO,1998; MORAIS, 1999; MOURA, 1999). Vamos agora revisar, para você, as principais descobertas que essas pesquisas nos forneceram.

Melo e Rego (1998) realizaram uma pesquisa com turmas de 1ª e 2ª séries (atualmente, 2º e 3º anos) de escolas de classe média, enfocando o uso do R e do RR. Formaram dois grupos de controle e um grupo experimental. No grupo de controle 1 (GC1) os alunos eram submetidos a ditados de palavras isoladas ou em textos, pesquisa em materiais escritos e reescrita (sem erros) de textos por elas produzidos. No grupo de controle 2 (GC2), os alunos estudavam ortografia por meio da transmissão verbal da regra, feita pela professora, além de cópias e ditados de palavras, ou exercícios de complementação de lacunas em palavras e separação de sílabas, mas sem debaterem ou refletirem. Já no grupo experimental (GE), os estudantes passaram por nove sessões de aulas alternativas, nas quais eram estimulados a refletir e discutir sobre as regras, descobrindo e verbalizando os princípios geradores subjacentes aos usos de R ou RR. Todos os grupos fizeram um pré-teste antes das situações de ensino e dois pós-testes (um logo em seguida à conclusão da situação de ensino e outro, quatro meses depois, para verificar a permanência da aprendizagem). Os resultados apontaram que os alunos do grupo experimental tiveram um avanço considerável:

> A proposta alternativa de ensino de ortografia parece ter sido bem-sucedida em proporcionar tais conflitos e situações norteadoras para a sua solução, promovendo, assim, um grande avanço, num curto período de tempo, o que não parece ser possível quando a criança fica sujeita apenas a uma aprendizagem mnemônica de palavras ou à sua própria sorte (MELO; REGO, 1998, p. 130).

Na mesma época, outra pesquisa foi conduzida por Morais (1999), que investigou o rendimento ortográfico de 165 estudantes de classe popular, que cursavam as 3ª e 4ª séries (atuais 4º e 5º anos) em três escolas públicas municipais de Recife. O foco foram várias regras contextuais (como os usos de C ou QU, G ou GU, R ou RR, M ou N em final de sílaba, E ou I e O ou U em final de palavra). Os alunos participantes foram divididos em três tipos de grupo: 1) grupos de controle correntes (CC) que não tinham ensino sistemático daquelas regularidades contextuais; 2) grupos de controle tradicionais (CT), em que os estudantes tiveram um ensino sistemático dessas regularidades, realizando treino ortográfico e correção, mas não eram convidados a refletir e verbalizar conscientemente as regras; e 3) grupos experimentais (E), em que o ensino, planejado sob a forma de sequências didáticas, foi baseado no debate e na verbalização consciente dos conhecimentos sobre aquelas regras.

No início do ano foi constatado que não havia diferença significativa no rendimento revelado num ditado aplicado aos alunos de 4º e 5º anos na escrita de palavras com aquelas regularidades contextuais, o que nos pareceu preocupante, já que as turmas de 5º ano tinham vivido um ano a mais de escolaridade .

E o que aconteceu ao final das sequências de ensino? No pós-teste a 4º ano do grupo E apresentou significativamente menos erros que os outros grupos de 4º ano que receberam tanto o ensino sistemático tradicional (CT) como o ensino corrente (CC). Nos grupos de 4ª série o grupo E só teve resultado significativamente superior em relação ao grupo de controle corrente (CC). Além disso, um dado preocupante apareceu: aqueles alunos do 4º ano que viveram um ensino reflexivo tiveram um desempenho semelhante ao revelado pelo grupo experimental de 4º ano que viveu o mesmo tipo de ensino. Ora, diante desses resultados, Morais (1999) concluiu, por um lado, sobre a necessidade de um ensino sistemático menos tardio das regras ortográficas contextuais. Por outro lado, o melhor desempenho dos alunos dos grupos experimentais (tanto de 4ª como de 5º ano) confirmou a hipótese de que um melhor rendimento ortográfico pode ser alcançado por meio de estratégias de ensino que levem os estudantes a refletirem, de maneira bem explícita, para que tomem consciência das regularidades contextuais de nossa norma ortográfica.

Pouco tempo depois, sob a orientação de Morais, Moura (1999) desenvolveu uma pesquisa para verificar o efeito de um ensino que promovesse a explicitação consciente de regras contextuais que envolvem a nasalização. As crianças eram alunas de turmas de 3ª série (atual 4º ano), e a autora adotou uma metodologia semelhante à de Morais (1999). Seus resultados confirmaram que um ensino destinado a promover a explicitação dos porquês das regras contribuiria de forma contundente também para a compreensão e conscientização dos princípios ortográficos ligados à nasalização (empregos de M, N, ~ e NH) de nossa língua portuguesa.

Num estudo posterior, também orientado por Morais, Melo (2001) buscou verificar a eficácia de um ensino alternativo para a aprendizagem das regularidades morfológico-gramaticais (por exemplo, empregos de ESA e EZA em substantivos ou AM e ÃO nos verbos). Participaram 60 alunos de três escolas públicas da rede municipal de ensino de Recife, que cursavam a 3ª série do ensino fundamental (atual 4º ano). A pesquisadora dividiu-os em três grupos: grupo experimental (com ensino reflexivo); grupo de controle tradicional (focalizou as mesmas regularidades morfológicas que o grupo experimental, mas usando exercícios tradicionais de "treino ortográfico") e um grupo de controle corrente (que vivenciou o ensino de ortografia corrente na mesma rede pública, sem metas específicas). Após o diagnóstico inicial, foram postas em prática sequências didáticas nos dois primeiros grupos, e, ao final, foi aplicado um pós-teste em todos os alunos. Os resultados, tal como os de Morais (1999), apontaram para a superioridade de um ensino de ortografia sistemático e reflexivo também quando enfocamos as regras de tipo morfológico-gramatical.

Conforme você pode perceber, pesquisas como as de Morais (1999), Moura (1999) e Melo (2001) apontaram para a necessidade de um ensino sistemático e reflexivo das regularidades contextuais e morfológico-gramaticais de nossa norma ortográfica, pois os grupos em que havia definição das regras ortográficas a serem trabalhadas e se adotavam sequências didáticas baseadas na reflexão alcançaram desempenhos bem superiores.

Você já pensou em usar jogos para ensinar ortografia, pautando-se nos encaminhamentos propostos nesta seção? No próximo capítulo vamos tratar do papel dos jogos na educação em geral e, mais especificamente, do uso de jogos didáticos no ensino da notação escrita de nossa língua. Afinal, nosso propósito é ajudar vocês, professoras e professores dos anos iniciais, a, conscientemente, praticar um ensino de ortografia baseado na ludicidade, mas sem esquecer o lugar da reflexão na hora de aprender.

CAPÍTULO 3
OS JOGOS E SUA CONTRIBUIÇÃO PARA A APRENDIZAGEM

> Neste capítulo, iniciaremos uma discussão sobre o jogo, sua caracterização e como ele pode contribuir para o desenvolvimento dos aprendizes. Apresentaremos, em seguida, uma diferenciação entre jogos educativos e jogos didáticos, discorrendo sobre qual é o papel do professor frente a esses recursos. Por fim, apresentaremos pesquisas que mostram o papel dos jogos como promotores de aprendizagens tanto do sistema de escrita alfabética como da ortografia.

Os jogos, suas características e contribuições para o desenvolvimento infantil

O jogo é algo que acompanha a humanidade há milhares de anos, e podemos perceber que sua presença sempre foi considerada relevante. Descobertas arqueológicas apontam a presença de jogos de tabuleiro com regras de certa complexidade já no Antigo Egito, tal como revelaram pinturas na tumba da rainha Nefertite (1285-1255 a.C.) e peças de jogos em diversas tumbas com idade superior a 3 mil anos. Jogos como a Mancala, também chamados de jogos de semeadura e colheita, são datados de 2.000 a.C., sendo muito comuns e antigos no continente africano (CREPALDI, 2012).

A palavra "jogo", porém, abarca um amplo leque de definições, que acaba por dificultar sua conceituação. No entanto, existe certo consenso, entre os estudiosos, ao indicarem que "a definição do que é jogo e/ou brincadeira é feita por quem joga e/ou brinca, ou seja, está diretamente ligada à ação do indivíduo ou grupo de indivíduos que a realiza" (CREPALDI, 2012, p. 11).

Uma definição de jogo que julgamos bem pertinente foi apresentada por Huizinga:

> uma atividade ou ocupação voluntária, exercida dentro de certos e determinados limites de tempo e de espaço, segundo regras livremente consentidas, mas absolutamente obrigatórias, dotado de um fim em si mesmo, acompanhado de um sentimento de tensão e de alegria e de uma consciência de ser diferente da "vida quotidiana" (HUIZINGA, 1990, p. 33).

Vemos que, nessa afirmação, Huizinga nos aponta uma série de características dos jogos. Assim como ele, diversos estudiosos evidenciaram outras características do que encontramos nos jogos (CAILLOIS, 1990; CHRISTIE, 1991). Somando e sintetizando alguns atributos comuns, elencados por aqueles especialistas, podemos chegar ao consenso de que a atividade humana que identificamos como jogo implica:

1) desprendimento da vida real: ao iniciar o jogo, as pessoas entram, de fato, no jogo, para viver esse momento;
2) contextualização no tempo e no espaço: o jogo tem determinado período de tempo e espaço para acontecer;
3) existência de regras: que podem ser explícitas (como num jogo de regras) ou implícitas (como em um jogo de faz de conta);
4) exercício da liberdade: em condições de convivência normais, não se pode obrigar ninguém a jogar, essa é uma atitude voluntária.

Caillois (1990) também aponta, como uma característica do jogo, a *improdutividade*. Quando ele afirma isso, quer dizer que, ao jogar, a criança não se preocupa em adquirir nenhum conhecimento, ela joga pelo prazer. Isso nos leva a refletir sobre o papel atribuído ao jogo nas salas de aula. É normal vermos nas salas de aula, sobretudo na educação infantil, a presença de jogos e brincadeiras, mas, quando adentramos nas turmas do ensino fundamental, é comum não registrarmos a presença de jogos nas rotinas das turmas. É como se muitos concebessem que o jogo é uma perda de tempo, o que não é verdade. Como veremos, o jogo, apesar de sua aparente improdutividade, pode ser capaz de mobilizar conhecimentos, pois deixa os aprendizes instigados a vivenciar tudo que se relaciona às jogadas.

Esse autor há pouco citado (CAILLOIS, 1990) afirma, ainda, que o jogo traz como outra característica peculiar a *incerteza*, já que seu desfecho não é previsível, dependendo tanto da ação dos jogadores como de estímulos externos (conduta dos parceiros, da mediação etc.).

Tendo em vista as características aqui elencadas, podemos observar que os jogos permitem aos que o jogam o desprendimento da vivência real, o uso de regras por determinado período de tempo, o agir de um modo despretensioso e incerto, mas que estimula os participantes a estarem nessa atividade.

Quando buscamos apoio na área da psicologia, encontramos dois autores que muito contribuíram com o universo educacional e que tratam da relevância dos jogos para a aprendizagem: Piaget e Vygotsky.

Piaget (1978) afirma que o jogo contribui para o desenvolvimento cognitivo, pois é uma forma de assimilação do real, constituindo-se como atividade prazerosa, de caráter espontâneo e ligada a regras predeterminadas. Ele fala da existência de alguns tipos de jogo: 1) jogos de exercícios (vivenciados por bebês até os 18 meses, quando a criança repete movimentos numa situação pelo prazer sentido por seus efeitos); 2) jogos simbólicos que se desenvolvem muito até cerca de 6/7 anos e que se relacionam com a representação de um objeto ausente (nos jogos de faz de conta, por exemplo, a criança pega um pente e o usa como se fosse um microfone, ou com uma folha dobrada simula um avião em pleno voo); 3) jogos de regras (jogos transmitidos socialmente com regras acordadas pelo grupo e que seriam vivenciados, mais intensamente, a partir dos 6/7 anos[7]).

Segundo Piaget (1978), o conceito de regras evolui com o tempo, e as crianças, que a princípio jogam individualmente, burlando regras ou saindo do jogo quando se desinteressam, aos poucos passam a imitar os companheiros, submetendo-se às leis comuns. Passam, a seguir, a considerar as ações dos companheiros na tentativa de vencê-los, e, por último, já conseguem prever, organizar e sistematizar as ações antes mesmo do jogo. Isso significa que a regra, que, de início, é egocêntrica, passa, com o tempo, a ser social, expressando uma necessidade de "jogar com o outro" (GRANDO, 1995).

Vygotsky (1989), por sua vez, fala que, antes dos 3 anos de idade, a criança tem a percepção atrelada à sua atividade motora e age sobre o ambiente para satisfazer suas necessidades. Depois desse período, quando não pode satisfazer essas necessidades de modo imediato, busca satisfazê-las valendo-se do imaginário. Para ele, no entanto, não existem jogos sem regras, pois, na situação imaginária, no brinquedo de faz de conta, há regras originadas na própria situação. "Portanto, a noção de que uma criança pode se comportar em uma situação imaginária sem regras é simplesmente incorreta" (VYGOTSKY, 1978, p. 125).

Na vivência dos jogos, as crianças aumentam seu autocontrole e subordinam-se às regras. Os jogos acabam por ajudar a criar *zonas de desenvolvimento proximal* (distância entre o que as crianças conseguem fazer de forma autônoma e o que conseguem fazer com a ajuda de um adulto ou companheiro mais capaz), já que, ao brincarem jogando, as crianças agem além do comportamento esperado para sua idade, em decorrência do sentimento de segurança que as situações imaginárias dos jogos propiciam.

---

[7] Precisamos contextualizar, historicamente, essa "datação" do início do uso de jogos com regras (6/7 anos) feita por Piaget. Hoje vemos que, bem precocemente, mesmo antes dos 4 anos, muitas crianças têm prazer brincando com jogos de regras em *smartphones* e outras tecnologias da informação e comunicação (TICs) que não existiam na primeira metade do século XX.

Levando em conta as considerações apresentadas até aqui por diferentes estudiosos, você pode ter constatado que fica evidente a contribuição dos jogos para a socialização e para o desenvolvimento cognitivo geral. Partindo desse princípio, sabemos que, para que os jogos promovam aprendizagens específicas, esperadas pelas redes de ensino e por professoras e professores, é preciso que haja planejamento das situações de jogos e intervenções próprias feitas pelas/os docentes, que nas escolas assumem a tarefa de difundir às novas gerações certos saberes formais. Vamos conversar sobre esse tema a seguir?

Jogos educativos, jogos didáticos e a mediação docente

O emprego dos jogos na educação também acontece há muito tempo. Segundo Kishimoto (1994), eles eram usados desde a Antiguidade Clássica, quando eram observadas pequenas guloseimas em formas de letras para o aprendizado destas. No período do Iluminismo, houve uma multiplicação de jogos de leitura e jogos didáticos de áreas curriculares tão variadas como História, Geografia e Matemática, entre outras (KISHIMOTO, 1994).

Debruçando-se para compreender o papel ocupado pelo jogo no pensamento pedagógico, Brougère (1998, p. 107) constatou que ele tem um duplo papel: "refazer as forças do aluno para que possa voltar ao trabalho, fazer passar sob a aparência de jogo, trabalhos áridos" (BROUGÈRE, 1998, p. 107).

Como já dissemos, o jogo, apesar de promover o desenvolvimento, costuma ser tratado, nas salas de ensino fundamental, como perda do tempo pedagógico, o que contraria o pensamento de estudiosos como Piaget, que afirma: "os jogos não são apenas uma forma de folga ou entretenimento para gastar ou passar o tempo dos alunos, mas meios que enriquecem o desenvolvimento intelectual" (PIAGET, 1978, p. 13).

Consideramos que o jogo promova, sim, o desenvolvimento cognitivo, mas enfatizamos que isso pode ser entendido sob dois sentidos: 1) um sentido amplo, quando o professor permite sua exploração pela criança, pensando em seu desenvolvimento geral; ou 2) um sentido restrito, quando direciona as atividades para a aquisição ou aplicação de conceitos ou conhecimentos específicos próprios do universo escolar (KISHIMOTO, 1994).

É necessário, pois, realizar uma distinção entre *jogo educativo* e *jogo didático*, pois cada um objetiva um fim diferente. Segundo Silva e Morais (2011), jogos educativos não têm uma intencionalidade didática, enquanto os jogos didáticos, sim, têm a finalidade de promover a aprendizagem de conceitos e habilidades de diferentes áreas do conhecimento. Esses últimos exigem que o professor tenha propósitos claros de ensino, para que possa atingir os objetivos propostos em seus planejamentos.

Graças aos estudos desenvolvidos nas últimas décadas, os jogos estão tendo maior espaço nas salas de aula, e os professores estão percebendo que esses recursos podem potencializar "as possibilidades de aprender e o investimento e o prazer das crianças e dos adolescentes no processo de conhecer" (BORBA, 2007, p. 43).

Mas, como afirmamos anteriormente, não é apenas promovendo o contato e a exploração de jogos que garantimos a aprendizagem de conteúdos escolares por nossos estudantes. É preciso que esses jogos tenham sido planejados previamente pela/o docente e que as jogadas sejam mediadas de modo a promover o máximo de reflexão e descobertas possíveis. Entendemos que, nessa empreitada, a/o docente é de suma importância, pois é ela/e quem "organiza a ação pedagógica, intervindo de forma contingente na atividade autoestruturante do aluno" (MOURA, 2011, p. 94).

Para promover as aprendizagens, é preciso que a professora ou o professor tenham, anteriormente, verificado quais conhecimentos os alunos construíram e quais eles precisarão construir e, então, planejem atividades que envolvam os jogos, tendo clareza de objetivos e considerando os materiais, o tempo e o espaço necessários para a vivência e exploração dos jogos escolhidos. É preciso que a/o docente conheça os jogos, para que possa prever as possíveis dificuldades dos aprendizes, e os acompanhem durante suas primeiras "partidas", esclarecendo as regras e propondo questionamentos que promovam a reflexão e a aprendizagem.

Como ressalta Grando (2001), os jogos favorecem, entre outras coisas, a fixação de conceitos já aprendidos ou a introdução e o desenvolvimento de conceitos mais difíceis, o desenvolvimento de estratégias de resolução de problemas, a tomada de decisões, a vivência da interdisciplinaridade, a promoção da participação ativa do aprendiz na construção de seu conhecimento, a socialização e o trabalho em equipe, a motivação para a aprendizagem, o exercício da argumentação, o respeito à heterogeneidade de saberes e a construção de diagnóstico das dificuldades dos alunos.

Nessa perspectiva, concordamos com Pessoa e Melo (2011), quando ressaltam que os jogos didáticos são produtivos tanto para os professores, que encontram um recurso para o ensino de conteúdo às vezes de difícil assimilação, como para os alunos, que desenvolvem as capacidades de pensar, refletir, levantar hipóteses, testá-las e avaliá-las.

Quando formos oferecer jogos, também devemos adaptá-los aos conteúdos, à faixa etária e aos conhecimentos dos discentes, já que, se forem muito fáceis, acabam por desestimular, e, se forem muito difíceis, levam os alunos a um alto nível de tensão e frustração (Pessoa; Melo, 2011).

Os jogos têm sido bastante explorados para o ensino de conteúdos de diferentes componentes curriculares. Apresentaremos e discutiremos, a seguir, alguns que foram utilizados em pesquisas e que favoreceram as aprendizagens relacionadas à apropriação do sistema de escrita alfabética e de regras ortográficas. Vamos conhecê-los?

Como jogos podem auxiliar no ensino do sistema de escrita alfabética (SEA) e da ortografia do português?

Várias pesquisas que envolvem jogos para promover reflexões sobre o sistema de escrita foram realizadas ao longo dos anos. Elegemos uma para ilustrar como os jogos podem estar a serviço da aprendizagem sobre o sistema de escrita alfabético.

Buscando investigar a interação entre duplas de crianças durante a vivência de jogos, Bezerra (2008) realizou um estudo com a aplicação de jogos de análise fonológica a 12 crianças, sendo seis do Grupo V da Educação Infantil, e seis do 1º ano do Ensino Fundamental. As crianças foram divididas em seis duplas, sendo três pares de crianças com conhecimentos homogêneos (estavam na mesma hipótese de compreensão da escrita) e três pares organizados em grupos heterogêneos (com hipóteses de escrita próximas). As crianças passaram por uma avaliação para verificar suas habilidades fonológicas. Os/as aprendizes realizaram atividades de: a) segmentação de palavras em sílabas; b) contagem de sílabas; c) comparação do tamanho de palavras; d) identificação da sílaba inicial; e) identificação de palavras rimadas; e f) identificação de fonema inicial. Essa avaliação possibilitou à pesquisadora observar que as crianças geralmente tinham melhores resultados nas atividades de segmentação de palavras em sílabas, em contagem de sílabas e em comparação de tamanho de palavras, tendo de quatro a seis acertos, de um total de seis.

As sessões de jogos de análise fonológica foram organizadas em três blocos, em que, a cada um dos blocos, as seis duplas jogavam quatro jogos diferentes, sendo dois a cada sessão. Houve uma semana de intervalo de um para outro bloco de sessões com os mesmos jogos.

A pesquisadora, após apresentar e tirar dúvidas sobre as regras dos jogos, estimulava a reflexão das crianças, convidando um jogador a auxiliar o outro, questionando suas respostas e corrigindo os eventuais erros, mas mantendo o caráter lúdico do jogo.

Dois dos jogos utilizados na pesquisa constam na caixa de Jogos de Alfabetização, elaborados pelo Centro de Estudos em Educação e Linguagem (CEEL/UFPE) e distribuídos pelo MEC em 2013 para todas as escolas do país que tinham turmas de educação infantil e do ciclo de alfabetização. Esses jogos foram "Batalha de palavras" (mobiliza as habilidades fonológicas de segmentação e contagem de sílabas) e "Bingo dos sons iniciais" (trabalha o reconhecimento da sílaba inicial, identificação e comparação de palavras com a mesma sílaba). Foram utilizados também o "Bingo das rimas" (mobiliza as habilidades de identificação e comparação de palavras que rimam) e o "Construindo a torre" (leva à reflexão sobre palavras com o mesmo fonema inicial).

Ao final da pesquisa, todas as duplas realizaram um novo exame de suas habilidades metafonológicas e um ditado mudo para avaliar suas hipóteses de escrita ao final das sessões de jogos. Essa avaliação constatou que todas as crianças avançaram em suas hipóteses de escrita.

Ao comparar as avaliações realizadas pelas crianças, constatou-se que no início da pesquisa havia três crianças no nível pré-silábico, uma no silábico quantitativo, três no silábico qualitativo, quatro no silábico-alfabético e uma no alfabético. Ao final da pesquisa não havia mais crianças no nível pré-silábico. Uma das crianças tornou-se silábico-qualitativa; cinco, silábico-alfabéticas; e seis, alfabéticas.

Os resultados das atividades de análise fonológica após as sessões de jogos também revelaram um aumento do número de acertos das crianças em todas as atividades realizadas.

Esse estudo pareceu revelar a importância dos jogos de reflexão fonológica para o avanço do processo de apropriação da escrita. A pesquisa não permitiu concluir se haveria vantagens de duplas heterogêneas sobre as homogêneas, apesar de demonstrar que as trocas entre os parceiros e/ou o adulto nas situações de jogos influenciaram positivamente o desempenho das crianças.

Em relação ao ensino e à aprendizagem da ortografia, realizamos pesquisas que também sinalizaram a melhoria do desempenho ortográfico de crianças que participaram de situações de jogos com esse objeto de conhecimento.

Em uma dessas pesquisas, nós (ALMEIDA; MORAIS, 2022) trabalhamos com jogos de regularidades diretas com crianças de 3º e 4º anos de escolas públicas, pedindo que falassem o porquê de a escrita das palavras ser daquele modo, e percebemos um avanço na escrita daqueles alunos em todos os pares mínimos trabalhados (P/B, T/D, F/V e M/N no início de sílaba).[8]

Em nossa pesquisa de mestrado (ALMEIDA, 2013),[9] desenvolvemos e aplicamos 16 jogos para trabalhar com quatro regras contextuais (sendo quatro jogos para cada regra), a saber: R e RR em diferentes contextos (em fim de sílaba, em encontro consonantal, R brando e

---

[8] Essa pesquisa será detalhada na parte inicial do capítulo 6 deste livro.

[9] No capítulo 7 detalharemos essa pesquisa com jogos voltados a regras contextuais.

RR entre vogais), M/N em fim de sílaba, C/QU e G/GU. Esses jogos foram vivenciados por duas turmas; em uma delas os alunos apenas jogavam e tinham seus pontos registrados por nós, e, em outra turma, eles vivenciavam esses mesmos jogos, mas eram instigados a justificar o porquê de suas respostas. Verificamos que ambos os grupos conseguiram avançar no conhecimento sobre as regras, o que revelou a importância dos jogos na mobilização e construção de conhecimentos ortográficos dos/as aprendizes. Era evidente que, na tentativa de ganhar, eles monitoravam suas respostas, refletindo de forma mais consciente sobre as palavras de cada grupo específico de regras. No caso dos jogos de escrita, ficou mais evidente que a materialidade da palavra facilitava esse momento de decidir sobre a letra ou os dígrafos que deveriam usar.

Em relação às regras morfológicas, pesquisas brasileiras e estrangeiras também evidenciam avanços significativos no desempenho ortográfico de crianças que participaram de jogos de ortografia (NUNES; BRYANT, 2006, 2014; ANDRADE, 2015; ALMEIDA, 2018). Em línguas diferentes, como o inglês, o espanhol e o português, crianças avançaram tanto na notação de flexões verbais como de sufixos com os quais formamos novos adjetivos e substantivos.

Diante dessas evidências, podemos ficar esperançosos ao lhe propor o ensino de ortografia por meio de jogos ortográficos, mas precisamos vislumbrar um planejamento que nos auxilie nessa empreitada, como observaremos no capítulo a seguir. Afinal, como temos insistido, é preciso ter intencionalidade e planejar com cuidado. Vamos avançar nessa direção?

CAPÍTULO 4

PLANEJAMENTO GERAL DO ENSINO DE ORTOGRAFIA COM JOGOS

> Neste capítulo, nosso foco estará em como planejar situações de ensino de ortografia fazendo uso de jogos. Desse modo, na seção inicial, voltaremos nosso olhar para um instrumento importantíssimo para a promoção de um ensino ajustado, que considere as necessidades de nossos educandos: o *diagnóstico*. Logo em seguida, apresentaremos uma discussão sobre o planejamento desse ensino, aí considerando alguns *princípios* que o orientam. E, para finalizar, traremos algumas orientações de *procedimentos gerais* para o uso de jogos ortográficos em sala de aula.

O diagnóstico: instrumento balizador do planejamento do ensino de ortografia

Quando nós, professores, vamos planejar o ensino que realizaremos com nossos estudantes, há algo de que não podemos abrir mão: o diagnóstico.

É preciso que tenhamos clareza sobre quais conhecimentos os alunos já têm e quais eles precisam alcançar, considerando os conteúdos curriculares indicados para cada ano da escolaridade.

Durante muito tempo, os conhecimentos ortográficos eram cobrados dos alunos sem que houvesse um ensino sistemático e sem considerar as diferentes regularidades e irregularidades existentes em nossa norma ortográfica. O dito "ensino" consistia apenas na realização de ditado com correção coletiva, quando o estudante tinha de reescrever, corretamente e várias vezes, as palavras que, no momento do ditado, havia escrito com erros ortográficos. Você deve conhecer essa situação. Como já dissemos em capítulos anteriores, a lógica daquele ensino pautava-se na repetição e memorização das escritas para evitar o erro.

Ainda no final do milênio passado, Morais e Biruel (1998) realizaram uma pesquisa com 65 professoras de uma rede pública de ensino, que lecionavam em turmas de 2ª, 3ª e 4ª séries (atuais 3º, 4º e 5º anos), e observaram que, de fato, na maioria das escolas não havia um projeto coletivo que indicasse o que ensinar de ortografia a cada ano escolar, apesar de as professoras considerarem a definição de metas como muito importante. Aquelas docentes reconheciam certas tendências a mudanças no tratamento da ortografia, porém não tinham subsídios que reorientassem suas práticas para o ensino desse objeto peculiar de conhecimento.

Entendemos que é preciso ter metas para o ensino de qualquer área de conhecimento, e com a ortografia isso não pode ser diferente. Precisamos auxiliar nossos alunos a refletirem sobre a ortografia, no entanto, uma pergunta nos inquieta: Como nós, que vivenciamos enquanto alunas e alunos aulas voltadas apenas à memorização da forma gráfica das palavras, podemos auxiliar nossos estudantes a pensarem sobre as peculiaridades da norma ortográfica?

De início, precisamos mapear os conhecimentos de nossos alunos, para saber o que devemos oferecer a eles em relação ao ensino de ortografia. Desse modo, torna- se imprescindível que consideremos, na elaboração de um diagnóstico, as diferentes regularidades e saibamos quais regras e quais irregularidades ortográficas privilegiaremos em determinado período letivo (mês, bimestre, semestre, ano). Esse instrumento pode ser um ditado de palavras de frases lacunadas, quando quisermos tratar de regularidades diretas, contextuais ou morfológicas, ou de irregularidades. Se a observação das escritas espontâneas de nossos alunos continua sendo uma importante fonte de diagnóstico para vermos onde demonstram ter dificuldades ortográficas, a aplicação de ditados com fins de diagnóstico nos parece uma alternativa necessária. Por quê? Com um ditado, nós podemos controlar que tipo de questões ortográficas queremos que apareçam, ao passo que, optando por um texto escrito espontaneamente, não temos garantias de que determinadas regras (ou irregularidades) vão aparecer.

A partir desse ditado diagnóstico, podemos elaborar um mapa que descreva o desempenho ortográfico de cada aluno e, assim, ajudá-los a ir desenvolvendo seus conhecimentos sobre ortografia no decorrer do ano. Esse mapeamento deve ser repetido periodicamente, para que possamos observar os erros, os acertos e as oscilações dos aprendizes. Sim, as oscilações vão ocorrer, pois, estando em um trabalho cognitivo ativo, as crianças vão entrando em conflito, avançam e recuam em seus registros ortográficos... até que consolidem seus conhecimentos.

Para exemplificar como podemos mapear esses conhecimentos, apresentaremos, a seguir, alguns modelos de mapas de desempenho ortográfico para alunos do 1º ao 5º ano do ensino fundamental. Esses modelos foram baseados nos quadros apresentados por Morais (2007).

Na primeira coluna deve constar o nome de cada aluno, e na linha referente a cada aprendiz precisamos assinalar a(s) coluna(s) que indica(m) o que a criança já domina. Ao fazermos esse registro, colocamos um sinal de (+), quando o aluno sempre acerta a correspondência som-grafia em foco, (-) quando ele sempre erra, e (+-) quando ele se encontra oscilando.

Os Quadros 4.1, 4.2 e 4.3 trazem exemplos em que são mapeados os conhecimentos dos alunos sobre regularidades diretas e contextuais. Pensamos que são bem adequados para levantarmos o desempenho de alunos que estão começando o 2º e o 3º anos do ensino fundamental. Mas, precisamos lhe lembrar, isso varia conforme o currículo de cada escola ou rede de ensino.

Não vamos aqui defender os objetivos prescritos para o ensino da ortografia pela Base Nacional Comum Curricular (BNCC), porque, como analisamos detalhadamente em um artigo recente (MORAIS,

2020), julgamos que aquele currículo tem uma série de problemas conceituais, lacunas e inadequações, no que define como aprendizagens a serem realizadas entre 4 e 8 anos de idade, na área de Língua Portuguesa, em geral.

Quadro 4.1: Sugestão de mapa de desempenho ortográfico – regularidades diretas

Regularidades diretas								
Aluno(a)	P	B	T	D	F	V	M (início de sílaba)	N (início de sílaba)
A								
B								

Quadro 4.2: Sugestão de mapa de desempenho ortográfico – regularidades contextuais

Regularidades contextuais							
Aluno(a)	CA, CO, CU	QUE, QUI	GA, GO, GU	GUE, GUI	E em posição átona fim de palavra	E em posição tônica final	O em posição átona fim de palavra
A							
B							

Aluno(a)	O em posição tônica final	M em fim de sílaba	N em fim de sílaba	~ (til)	NH	Vogal antes de M ou N
A						
B						

Quadro 4.3: Sugestão de mapa de desempenho ortográfico – regularidades contextuais (cont.)

Aluno(a)	Regularidades contextuais			
	R inicial	R em encontro consonantal	R em final de sílaba	R brando
A				
B				

Aluno(a)	RR	SA, SO, SU iniciais	JA, JO, JU	ZA, ZE, ZI, ZO, ZU iniciais
A				
B				

O texto a seguir, originalmente denominado "Zezinho" (Quadro 4.4), permite checar o domínio de cada regra. Como você verá, para todas as correspondências fonográficas presentes nos Quadros 4.1, 4.2 e 4.3 há palavras que as contêm naquele texto. Por exemplo, para o Z de início de palavra, temos as palavras "Zezinho" e "zorra".

Quadro 4.4 Texto Zezinho – alternativa de ditado usado para verificar o domínio de regularidades de tipo direto e contextual

> Zezinho e sua mãe/ foram ao mercadinho de seu Aguiar/ fazer feira./ Antes de sair de casa,/ sua mãe/ ficou fazendo a lista de compras/ e pediu ao filho/ que pegasse sua bolsa.
> Eles compraram:
>
> 1. feijão
> 2. sal

> 3. fubá
> 4. macarrão
> 5. margarina
> 6. ovos
> 7. leite
> 8. rapadura
> 9. galinha
> 10. laranja
> 11. caju
> 12. sapoti
> 13. frango
> 14. querosene
> 15. lâmpada
>
>   Na volta o carrinho <u>enguiçou</u>/ e foi uma <u>zorra</u> total./ <u>Amanhã</u>,/ Zezinho e seu pai/ <u>vão</u> <u>consertar</u> o carrinho.
>   Obs.: As palavras sublinhadas correspondem às lacunas que os alunos deveriam preencher. As demais palavras já apareciam impressas na folha. As barras separam os trechos tal como lidos para os alunos. A professora repetia ao menos uma vez cada trecho ou palavra ditada.

Fonte: MORAIS, 2005, p. 53-54.

    Embora não tenha aparecido nos Quadros 4.3 e 4.4, o texto que fala do menino "Zezinho" também serve para mapear a grafia das flexões verbais que criam dificuldades ortográficas para os alunos e que correspondem a regras morfológico-gramaticais (por exemplo, com a escrita de "sair" e "consertar", podemos ver como estão escrevendo o final dos verbos no infinitivo). Voltaremos a esse tema no Quadro 4.6, que aparecerá mais adiante.
    Ao ler para a turma, é muito importante que você não artificialize a pronúncia das palavras. Se você lê [frã] [gɔ] para "frango",

impede que a criança demonstre se sabe ou não que aquele som /u/ final é grafado com O. Sugerimos que você leia duas vezes cada palavra da lista de compras ou cada sintagma dos parágrafos iniciais (as partes que estão entre barras / /), mas sempre com o cuidado de não partir ainda mais as frases do texto ou artificializar a pronúncia de alguma palavra.

Depois de consolidarem as regras diretas e contextuais, precisamos ajudar nossos alunos a dominarem as principais regras de tipo morfológico-gramatical. Os Quadros 4.5 e 4.6, a seguir, mapeiam esse tipo de conhecimento.

Quadro 4.5: Sugestão de mapa de desempenho ortográfico – regularidades de tipo morfológico – sufixos que formam palavras derivadas

Aluno	Regularidades morfológico-gramaticais							
	S	Z	SA	ZA	GEM	OSO (adjetivo)	L (coletivo)	L (adjetivo)
A								
B								

Aluno	ICE (substantivo)	L (adjetivo)	ÃO (substantivo e aumentativo)	OR (substantivo)	NSE
A					
B					

Quadro 4.6: Sugestão de mapa de desempenho ortográfico – regularidades de tipo morfológico – flexões verbais

Aluno	Regularidades morfológico-gramaticais					
	AR, ER, IR (infinitivo)	AM (passado e outros tempos verbais)	ÃO (futuro)	OU, EU, IU (passado)	ANDO, ENDO, NDO (gerúndio)	SSE (subjuntivo)
A						
B						

Para verificar o domínio das regularidades de tipo morfológico agora enfocadas, trazemos como sugestão o ditado de um texto lacunado que apresentamos no Quadro 4.7, a seguir.

Quadro 4.7: Ditado usado para verificar o domínio de regularidades de tipo morfológico-gramatical

DITADO

1. MAMÃE COMPROU BATATA INGLESA E MELÃO JAPONÊS.
2. O PINTOR FAMOSO PINTA CADA PAISAGEM INCRÍVEL!
3. ADORO COMER PÃO FRANCÊS COM REQUEIJÃO CREMOSO.
4. A PROFESSORA ESTAVA FALANDO DA TIMIDEZ DE LAURA.
5. AQUELE VENDEDOR É LEGAL, OS CLIENTES COMPRARAM UMA TELEVISÃO COM UMA ÓTIMA IMAGEM.
6. NA FAZENDA TODOS PERCEBERAM A BONITA FOLHAGEM DO MILHARAL.
7. O ATLÉTICO PARANAENSE JOGOU CONTRA O BRASILIENSE.
8. AQUELE MENINO BRINCALHÃO É MUITO AMÁVEL.
9. OS MENINOS VÃO CORRER COM RAPIDEZ ATÉ O SALÃO.
10. DURANTE A MUDANÇA MAMÃE PERDEU OS BRINCOS E A ALIANÇA.

11. ELAS ESTÃO <u>USANDO</u> RENDA <u>FRANCESA.</u>
12. ELES ESPERARAM QUE AQUELE HOMEM <u>GRANDALHÃO PEGASSE</u> O CADERNO E <u>ENTREGASSE</u> AO MENINO.
13. MARIA ESTAVA <u>SAINDO</u> TRISTONHA, MAS FOI VISTA <u>CAINDO</u> NA GARGALHADA.
14. MARCOS COSTUMA <u>JOGAR</u> BOLA COM <u>ESPERTEZA.</u>
15. ELA <u>LEU</u> O RECADO PARA <u>SABER</u> ONDE <u>COLOCARAM</u> O CREME <u>DENTAL.</u>
16. OS CAVALOS <u>CORRERAM</u> ATÉ O <u>BANANAL.</u>
17. NO PRÓXIMO MÊS OS FAZENDEIROS <u>VENDERÃO</u> TODA A SAFRA DO <u>LARANJAL.</u>
18. TODOS <u>SABERÃO</u> QUE AQUELES MENINOS SÃO LEGAIS.
19. ELES <u>DORMIRÃO</u> CEDO, POIS <u>SAIRÃO</u> DE MADRUGADA PARA <u>CONHECER</u>
20. AQUELA PRAIA QUE É UMA <u>BELEZA.</u>
21. SERÁ QUE AMANHÃ ELAS <u>CONSEGUIRÃO COMPRAR</u> O FILME <u>ORIGINAL</u>?
22. SE LUÍS <u>SAÍSSE</u> PARA <u>DANÇAR</u>, TALVEZ SÓ <u>DORMISSE</u> DE MADRUGADA.

Fonte: ALMEIDA, 2018, p. 220-221.

Como sempre, o exemplo oferecido com as frases do Quadro 4.7 é apenas um modelo que pode e deve ser refeito para melhor se ajustar à realidade de seus alunos. Lembramos que, por ter sido feito no contexto de uma pesquisa, aquele conjunto de frases cobre um leque muito vasto de sufixos de derivação (como ESA/EZA, EL e AL no final de adjetivos, ANÇA e AGEM no final dos substantivos) e todas as principais flexões verbais que tendem a causar erros ortográficos. Obviamente, ao fazer seus mapeamentos, você vai poder incluir apenas palavras que contenham as regras que, naquela ocasião, interessa-lhe ver se seus alunos estão dominando.

E o que devemos fazer após esses diagnósticos? Vejamos na seção a seguir.

O planejamento do ensino de ortografia: princípios orientadores

É importante que você veja quais são as maiores dificuldades da sua turma, a fim de planejar as atividades que realizará com ela. Não adianta tentar trabalhar todas as dificuldades a um só tempo. Os alunos não aprenderão uma regra em um único dia de aula, mesmo que essa aula esteja muito bem planejada. Em nossas pesquisas (ALMEIDA, 2018; MORAIS, 1999), observamos que os estudantes precisam de tempo para amadurecer seus conhecimentos sobre as regras. Por isso, propomos atividades diferentes que permitem refletir sobre uma mesma dificuldade, ao longo de um conjunto de aulas (por exemplo, quatro situações de 30 a 40 minutos, no máximo, distribuídas ao longo de uma quinzena).

Sabemos que nossos alunos não aprendem passivamente nem vão aprender apenas por estarem rodeados de materiais escritos. É preciso que os auxiliemos, portanto, trazendo atividades interessantes, que os levem a refletir sobre a escrita das palavras.

Alguns livros didáticos atuais trazem atividades de ortografia com um caráter reflexivo, que podem ser usadas ou ser tomadas como modelos para a produção de novas atividades. Mas a tendência da maioria dos livros didáticos é esperar que os alunos aprendam com apenas um ou dois exercícios. Noutra perspectiva, preferimos construir sequências didáticas usando atividades de *classificação* e de *escrita* de palavras com um propósito reflexivo[10] (cf. MORAIS, 1998). Como o objetivo deste livro é apresentar uma proposta lúdica de ensino da ortografia, vamos priorizar sequências que utilizam jogos para promover a aprendizagem de diferentes tipos de regras ortográficas. Como alerta, reiteramos que empregamos conjuntos de jogos voltados a uma mesma regra, porque, como já dito, não parece que as crianças deem conta da nova aprendizagem participando de um único jogo.

---

[10] Ainda neste capítulo explicaremos o que são jogos de *classificação* e de *escrita* de palavra.

Morais (1998, p. 49) afirma que, "ao aprender ortografia, a pessoa não atua de modo passivo, mas reelabora mentalmente as informações que recebe do meio sobre a forma correta das palavras". Isso significa que nossos aprendizes têm um intenso trabalho cognitivo, e, portanto, é adequado que haja a mediação docente. Desse modo, Morais (1998) definiu alguns princípios que podem nortear práticas pedagógicas que promovam um ensino reflexivo. Esse autor os dividiu em princípios gerais e relativos ao encaminhamento das situações de ensino e aprendizagem.

Segundo Morais (1998), os princípios gerais são:

1) necessidade de convívio com modelos de escrita nos quais apareça a norma ortográfica;
2) promoção de situações de ensino e aprendizagem que oportunizem a explicitação consciente dos conhecimentos dos aprendizes sobre a ortografia; e
3) definição de metas para o rendimento ortográfico dos estudantes ao longo da escolaridade.[11]

Já os princípios relativos às situações de ensino e aprendizagem (cf. MORAIS, 1998, p. 72-76) são:

1) *Promover a reflexão sobre a ortografia em todos os momentos de escrita.* É preciso que façamos questionamentos às crianças sobre a escrita das palavras e que elas também nos possam fazer perguntas. A ideia é não limitar a reflexão sobre a notação escrita das palavras aos momentos dedicados ao ensino explícito e sistemático de ortografia.
2) *Garantir a escrita espontânea das crianças.* Apesar de, em certos momentos, optarmos por fazer ditados para diagnosticar as regras

---

[11] Para não sermos repetitivos, não trataremos mais detalhadamente, aqui, esses três princípios gerais. Na obra de Morais de 1998 (*Ortografia: ensinar e aprender*, Ática) atualizada, em 2012, após o acordo ortográfico instituído em nosso país àquela época, o leitor encontrará uma descrição mais pormenorizada de todos os princípios aqui retomados.

e irregularidades que queremos observar nas escritas de nossos alunos, é preciso, também, permitir que as crianças escrevam, livremente, sem fazer julgamentos sobre seus erros. Se evidenciarmos apenas seus erros, vamos podar sua capacidade de comunicação através da modalidade escrita.

3) *Não considerar o uso da nomenclatura gramatical como requisito para aprendizagem das regras ortográficas.* As crianças podem refletir sobre a ortografia sem precisar dizer que "casa" é um substantivo, que "pular" é um verbo no infinitivo e que "partisse" é a conjugação do verbo "partir" na 3ª pessoa do singular do pretérito imperfeito do modo subjuntivo.

4) *Discutir coletivamente os conhecimentos que os aprendizes expressam.* As crianças formulam suas hipóteses sobre a escrita, e propor discussões na sala de aula pode se constituir em momento rico, de grandes aprendizagens. É importante que ajudemos nossos alunos a verbalizarem seus conhecimentos, para que suas construções internas possam ser mais bem elaboradas, passando a se consolidar;

5) *Realizar o registro escrito das descobertas das crianças (regras, lista de palavras etc.).* O registro escrito ajudará seus alunos a tomar consciência. Desse modo, é interessante que, após terem descoberto o princípio gerativo de uma regra, meninas e meninos escrevam em um cartaz (ou em seus cadernos) essas regras e produzam listas de palavras com aquela letra ou dígrafo. Também ao pesquisar palavras com irregularidades ortográficas, é importante que deixem registradas essas escritas.

6) *Agrupar estudantes em duplas ou pequenos grupos para desenvolverem atividades.* Atividades organizadas desse modo proporcionam uma interação, a troca de pontos de vista pode auxiliá-los nas descobertas sobre ortografia.

7) *Considerar a heterogeneidade dos conhecimentos dos aprendizes ao definir as metas para o ensino da ortografia.* Ao tomarmos consciência de que a aprendizagem da ortografia é cheia de peculiaridades e que as crianças se apropriam das diferentes regras em tempos distintos, precisamos considerar não só a importância de realizar diagnoses dos conhecimentos dos alunos sobre cada uma das regras, mas também pensar em situações de ensino que

promovam, de fato, um ensino específico para alunos que não conseguiram ainda se apropriar de algo já dominado pela maioria do grupo-classe.

Tendo discutido no capítulo 2 sobre a aprendizagem e o ensino de ortografia, a partir dos resultados de pesquisas, pudemos verificar quão complexo é esse objeto de conhecimento. Vimos, também, que, com planejamento e intervenções bem pensados, poderemos ajudar nossos estudantes a encontrarem regularidades nas correspondências fonográficas, o que lhes permite trabalhar com as regras de forma gerativa e evitando uma sobrecarga à memória. Na próxima seção, vamos lhe apresentar cuidados e procedimentos gerais que podemos adotar ao utilizar os jogos para promover a aprendizagem de regras ortográficas.

Ensinando ortografia com jogos: orientações gerais

Existem, em nosso país, jogos comerciais que se propõem a tratar de ortografia, mas que, na verdade, não se prestam ao ensino das regularidades de nossa norma, pois tratam simultaneamente de diferentes tipos de regras e até mesmo de irregularidades pouco usuais, não atendendo, então, ao propósito de auxiliar os alunos a compreenderem o princípio gerativo relacionado a cada regra. Alguns jogos de computador e aplicativos de celular revelam o mesmo problema: falta de foco e de controle das dificuldades que o aluno deverá superar. Eles podem até favorecer o aluno a testar alguns conhecimentos, mas não possibilitam uma reflexão sobre regras específicas.

Julgamos imprescindível, quando o professor escolher ensinar ortografia por meio de jogos, que ele faça uma seleção das dificuldades ortográficas que pretende trabalhar. Vamos dar um exemplo: se nós mapeamos as dificuldades dos nossos alunos e vimos que grande parte deles comete erros quando o tema é utilizar corretamente o C e o QU, produzindo confusões na escrita como *caci ou *caqi para "caqui", é importante que promovamos jogos que os auxiliem a perceber que, para notar o som /k/, eles vão sempre utilizar o C antes de A, O e U, enquanto precisam usar o QU antes de E e I para ter o mesmo som. Então é preciso encontrar jogos que deem conta dessa regra, em específico, e não um jogo que trate, ao mesmo tempo, de várias regras. O jogo deve trazer palavras que apresentem esses dois contextos (C e QU) para que os aprendizes possam confrontar as situações em que aquelas grafias aparecem e encontrar as regularidades (O que há em comum entre as palavras escritas com C? E entre as que têm QU?).

A escolha das regras a trabalhar deve estar presente em seu planejamento, e, então você, professora ou professor, pode pesquisar jogos que deem conta dessas regras ou pode fazer adaptações de jogos, considerando as especificidades de cada regra, controlando, assim, as dificuldades ortográficas que pretenda enfocar.

Ao resolvermos utilizar jogos para o ensino, devemos tomar algumas precauções. É preciso compreender que a dinâmica da sala de aula vai ser modificada. Vamos observar risadas, reclamações, gritos de comemoração, provocações entre jogadores, barulho. Isso é normal nessas situações! Sabendo dessas possibilidades, podemos nos preparar para mediações que potencializem as aprendizagens e minimizar os eventuais conflitos, promovendo a construção do respeito em sala de aula.

Uma questão sobre a qual precisamos refletir é relativa ao conhecimento da/do docente sobre os jogos que vai propor para seus estudantes. Antes de propor jogos aos alunos, o/a professor/a precisa conhecê-los e explorá-los, pois, caso não tenha clareza sobre suas regras, sobre as peças que os compõem, sobre as possibilidades de respostas durante as jogadas, pode não realizar a mediação mais adequada, deixando de aproveitar a riqueza presente nesses recursos.

Outras considerações gerais que ressaltamos são:

1) É importante evitar que as crianças sejam forçadas a participar de jogos, pois uma das características deles é o envolvimento voluntário. Você vai perceber que, geralmente, as crianças que não querem participar das primeiras vezes que você propuser o jogo vão querer jogar em outras oportunidades.

2) Não devemos fazer questionamentos (ex.: "Por que aqui se escreve com R e não com RR?) *a cada jogada*, de modo a não levar os aprendizes a perder o interesse. Jogo é jogo!
3) Precisamos conjugar dois tipos de jogo: os de "*classificação* de palavras" e os de "*escrita* de palavras".

No caso dos jogos de *classificação*, seus alunos não têm de "puxar de suas mentes" palavras com determinada relação fonográfica. Eles recebem um conjunto de palavras (ou figuras cujos nomes contêm a dificuldade ortográfica em foco) e devem agrupá-las em conjuntos ou colunas, pelo que têm de similitude na letra ou dígrafo com que são grafados. Esses jogos sempre serão aplicados em primeiro lugar, visto que buscam instalar nos alunos a reflexão sobre determinada questão ortográfica, analisando um conjunto de palavras intencionalmente escolhido.

Já nos jogos de *escrita*, que são aplicados em seguida, caberá aos alunos praticar decisões ortográficas, puxando palavras da memória e as notando ou escrevendo o nome de figuras que contêm determinadas questões ortográficas, que já foram objeto de reflexão nos jogos primeiros (os de classificação de palavras).

Passaremos agora a algumas orientações relativas a *procedimentos gerais* para que você realize um trabalho mais efetivo com o uso desse recurso pedagógico:

1) *Escolher os jogos*: para ajudar seus alunos a dominarem determinada regra, a primeira necessidade é conhecer (ou elaborar) uma sequência de jogos voltados àquela dificuldade específica. Isso envolve, ainda, como já dito, conhecer o material mais a fundo, ler as regras, simular jogadas (para ver quais seriam as dificuldades que as crianças poderiam encontrar), verificar se aqueles jogos atendem aos propósitos de ensino e aprendizagem que você está priorizando e checar se aqueles jogos respeitam os conhecimentos das crianças.
2) *Planejar o trabalho*: A forma como você vai apresentar esses jogos precisa ser bem pensada, para que possa explorar todo o potencial neles presente. É preciso definir então:

a) *Forma de organização dos alunos*: é importante ter em mente qual seria a forma ideal para organizar seus alunos. Em algumas situações pode ser mais pertinente que eles próprios façam suas escolhas na composição dos grupos, já em outras situações pode ser mais interessante que você escolha os participantes de cada equipe, considerando certos critérios (conhecimentos mais próximos, capacidade de argumentação, harmonia entre os componentes da equipe etc.).

b) *Tempo utilizado para a condução dos jogos*: o trabalho com jogos não pode ser esporádico, e você não deve destinar um tempo muito curto ou demasiadamente longo para vivenciá-los. É importante definir o tempo destinado a cada jogo, de modo que promova reflexões que conduzam ao aprendizado. Assim sendo, é preciso saber que espaço da rotina semanal esses jogos vão ocupar, bem como considerar quantas vezes eles serão vivenciados para que produzam seus efeitos. Nossa experiência tem mostrado que, para sistematizar determinadas regras (por exemplo, empregos de R e RR), é importante pensar que, durante uma quinzena, reservaremos ao menos quatro momentos (de mais ou menos 30 minutos cada) para trabalhar uma sequência didática com quatro jogos voltados àquela dificuldade ortográfica. No caso de certos jogos, poderemos jogar mais de uma vez no mesmo dia.

c) *Organização do espaço e dos materiais dos jogos*: qual é o espaço mais adequado para a vivência dos jogos com sua turma? Que materiais são necessários para que as crianças possam jogar? Essas são algumas questões a considerar.

Alguns jogos podem ser desenvolvidos dentro da própria sala de aula, com a participação de pequenos grupos ou duas grandes equipes, sem nenhum prejuízo às jogadas. Já outros poderiam precisar de um espaço maior, podendo ser desenvolvidos no pátio da escola, pois preveem movimentos que não cabem no espaço na sala de aula. Os jogos que proporemos neste livro foram sempre conduzidos no interior das salas de aula.

Em relação aos materiais, precisamos conferir se todas as peças do jogo estão disponíveis, se há "fichas" suficientes para cada equipe, para que, quando o jogo tenha início, evitemos certo alvoroço na turma.

d) *Apresentar o jogo*: para que as crianças possam jogar, é essencial que conheçam o jogo em foco: saber quais são as peças, identificar as imagens ou palavras com as quais vão se deparar durante as jogadas, ler as regras, e, caso encontrem dúvidas, estas precisam ser esclarecidas. É também importante que você, professora ou professor, promova uma primeira jogada no coletivo, para esclarecer essas eventuais dúvidas e para que seus alunos saibam como precisam se conduzir durante as jogadas. Como os jogos apresentados neste livro são jogos de regras, é importante também considerar que eles podem, após a primeira vivência, ser jogados novamente, com algumas modificações nas regras formuladas pela/o docente, de modo a adequar às aprendizagens pretendidas ou acordadas pelos jogadores no início do jogo).

e) *Vivenciar o jogo*: nesse momento, é importante que você esteja atenta/o às jogadas e possa propor alguns questionamentos durante sua realização, de modo a promover a reflexão sobre determinados aspectos da regra que precisam ser desvelados, para que as crianças possam notar as regularidades. É importante, porém, salientar que, apesar de questionamentos serem necessários, precisamos ter cuidado para não fazermos perguntas em excesso (perguntar a cada jogada realizada), de modo a não tirar o caráter lúdico da atividade. Na vivência dos jogos é também importante você considerar que vários deles não podem ou devem ser aplicados uma única vez. Alguns precisam ser utilizados mais de uma vez para garantir que os alunos possam refletir em uma primeira ocasião e, na(s) outra(s), possam aprofundar essas reflexões. Como já dito, recomendamos também que você não use apenas um único jogo para cada regra ensinada. É importante apresentar para cada regra pelo menos um jogo de classificação de palavras e um jogo de escrita de palavras. Geralmente, temos preferido apresentar dois jogos de cada um desses tipos.

f) *Refletir sobre o que se aprendeu ao final do jogo*: o jogo, por si só, apesar de promover certo grau de reflexão, pode não ser suficiente para assegurar as aprendizagens. Após cada jogo, recomendamos que sejam escolhidas e escritas, no quadro, palavras que atendam a cada contexto ortográfico para que, em seguida, problematizemos sua escrita para a busca de regularidades. Por exemplo, no jogo "Como eu escrevo?", em que se exploram os morfemas ICE e ISSE, você poderia escrever no quadro as palavras "chatice", "tolice" e "esquisitice" e perguntar aos alunos: "O que essas palavras têm em comum?". Poderia ir direcionando as questões até que percebam que "chatice" é originada da palavra "chato", "tolice" vem de "tolo" e "esquisitice", de "esquisito". Em seguida, você poderia registrar no quadro "partisse", "saísse" e "dormisse", e perguntar em que se assemelham, até que a turma descobrisse que todas elas se originam de verbos. Não é necessário, repetimos, que que seus alunos usem com perfeição a nomenclatura gramatical para que possam refletir e identificar a distinção no uso dos morfemas em questão.

g) *Registrar as regras*: trabalhando com outras atividades que não jogos, Morais (1998) mostrou como importante encaminhamento didático a construção de um "quadro de regras". Também no caso do ensino com jogos, após as crianças identificarem o princípio gerativo das regras enfocadas, esse tipo de registro escrito ajudará na consolidação de sua aprendizagem.

Resumiremos, a seguir, mais sugestões de encaminhamento que, de um modo geral, precisam ser consideradas *antes*, *durante* e *depois* da aplicação dos jogos ortográficos em sala de aula.

Sugestões de encaminhamento

- Antes do jogo

Como afirmamos anteriormente, é importante você verificar se os jogos estão com todas as peças, de modo a não prejudicar o andamento da partida e as reflexões mobilizadas com o seu uso. No caso de jogos de escrita, que envolvem letras móveis, você deve verificar se há cartelas com letras móveis suficientes para que as crianças escrevam as palavras propostas. O uso dessas letras foi pensado para diferenciar a atividade das escritas rotineiras da sala de aula, feitas com lápis e papel, no entanto a escrita com esses materiais (lápis e papel) pode ser realizada sem prejuízo para os jogos.

Como já dito, você pode ler as regras ou pedir que as crianças leiam e deve conversar (sobre as regras), para verificar se há dúvidas a serem sanadas. Em seguida, deve apresentar aos jogadores as figuras ou frases constantes no jogo, para que eles possam ter clareza quanto ao que buscar, tanto no caso de jogos com figuras, como naqueles em que há palavras a serem completadas.

É importante você chamar atenção das crianças para os contextos trabalhados, avisando que podem aparecer erros de escrita em outras partes da palavra, mas não podem errar o uso do contexto fonográfico específico. Por exemplo: ao trabalhar o jogo C/QU, em que as crianças tenham de escrever a palavra "carinho", se uma delas escrever *carino ou *carinio, o aluno ou seu grupo devem ganhar ponto, já que, no caso específico, a dificuldade ortográfica que está sendo ensinada não é o emprego de NH. Isso, no entanto, vale apenas para computar a pontuação, sendo necessário que, na correção que acontece depois do jogo, seus alunos possam visualizar a escrita correta de toda a palavra. Mas chamamos a atenção para que, em tais momentos, você não busque sistematizar o ensino de outra regra que não seja a enfocada naquele jogo, para não confundir as crianças ou desvirtuar o sentido lúdico da atividade.

No caso de jogos que envolvem pontuações a cada jogada, você precisa disponibilizar papel e lápis para que possam computar os pontos (isso se aplica no caso de jogos entre dois alunos ou duplas) ou marcador para o registro no quadro branco (no caso de jogos com grandes grupos).

- Durante o jogo

Insistimos que você precisa estar atenta/o às jogadas e fazer algumas perguntas que direcionem as reflexões dos alunos (daremos sugestões de questões junto aos jogos expostos nos capítulos 5, 6 e 7). Segundo Morais (1998), é importante "semear dúvidas", não só sobre as escritas erradas, mas também sobre as escritas corretas. O fato de falar sobre a escrita que acabou de produzir possibilita que a criança acesse informações que às vezes usava de forma pouco consciente. É necessário também que direcionemos perguntas ora a um, ora a outro jogador, distribuindo, assim, as possibilidades de pensarem e justificarem verbalmente a escrita.

▪ Depois do jogo

Como o jogo, por si só, não é suficiente para assegurar as aprendizagens, é preciso que façamos outras atividades para promover a reflexão. Você pode, então, pedir aos alunos que:

- citem outras palavras com o mesmo tipo de questão ortográfica, para que você possa escrever no quadro;
- escrevam as palavras que constam nas figuras e circulem com cores diferentes as letras ou dígrafos (no caso de jogos de regularidades contextuais);
- criem frases em que uma determinada dificuldade ortográfica apareça (no caso das regularidades morfológico-gramaticais);
- pesquisem outras palavras, dividindo as que são escritas com grafemas distintos.

Somos nós, professores, que melhor sabemos de que precisam nossos alunos. Consideramos, pois, pertinente que possamos formular jogos para atender a essas necessidades. Os jogos apresentados nos capítulos a seguir devem servir não só para uso, tal como foram concebidos, mas, também, como inspiração na hora em que você opte por construir novos jogos.

Na elaboração dos jogos que constam nesta obra, o primeiro passo foi a criação de um banco de palavras com as letras/dígrafos/morfemas desejados, sempre buscando um repertório de vocábulos conhecidos das crianças, isto é, que fazem parte de seu universo vocabular.

A partir desse levantamento de palavras, buscamos figuras (quando os jogos as empregavam) e formulamos as regras para os jogos, tendo o cuidado de testá-los previamente. Desse modo, estamos convidando vocês, professoras e professores, a construírem seus bancos de palavras e criar outros jogos que possam ajudar a atender às dificuldades de seus alunos. Quando docentes de uma mesma escola partilham os bancos de palavras e recursos didáticos que criam, a tarefa de ensino se torna muito mais produtiva.

Reflexões adicionais

Tendo em vista que os estudantes não constroem as aprendizagens sobre as diferentes regras ao mesmo tempo, sobretudo quando ainda não houve um trabalho sistemático com a ortografia, é natural que apresentem conhecimentos distintos. Nem todos os aprendizes precisam participar de todos os jogos que propomos, pois o jogo promove nos estudantes um conflito cognitivo que os leva à reflexão e à tentativa de solucionar corretamente o problema proposto. Se determinado estudante, por exemplo, já sabe utilizar o R em diferentes contextos (no início de palavra, R entre vogais, RR, R em encontro consonantal), não faz sentido obrigá-lo a participar de jogos que tratem dessas regras, pois, para ele, não haveria qualquer dificuldade ou desafio. Você, no entanto, pode pedir que ele ajude na mediação dos jogos dos colegas, pois dessa forma ele consolida ainda mais seus conhecimentos, além de auxiliar os estudantes que estão jogando.

Ainda considerando a heterogeneidade dos conhecimentos dos estudantes, você pode fazer alguns encaminhamentos ao longo do jogo, dosando o que oferece a cada estudante. Numa pesquisa realizada por nós (ALMEIDA, 2018), observamos que a professora que aplicava certos jogos de ortografia na sala, quando retirava as palavras ou frases do envelope, verificava se eram adequadas para seu estudante que estava na vez da jogada. Se fosse, a docente entregava a ele, caso fosse muito fácil ou muito difícil, ela a trocava por outra palavra ou frase. Conhecer seu aluno faz toda a diferença nesse momento da mediação.

Alguns jogos são mais apreciados pelos estudantes do que outros, e eles pedem para utilizá-los novamente. Sugerimos, então, que você proponha a eles a mudança de algumas regras. Desse modo, os jogos serão sempre desafiadores, mesmo depois de várias jogadas.

Nos próximos capítulos vamos lhe apresentar os jogos destinados a refletir sobre cada tipo de regularidade ortográfica. Vamos conhecê-los?

CAPÍTULO 5

JOGOS COM REGULARIDADES DIRETAS

> Nosso propósito, neste capítulo, é apresentar a você, professora ou professor, alguns jogos voltados ao ensino de regularidades ortográficas de tipo direto e pontuar alguns cuidados e alternativas possíveis, para quando formos utilizá-los. Como já explicamos anteriormente, as regularidades diretas relacionam-se estritamente com a questão fonológica, não havendo mais de uma letra para notar determinado som. No entanto, é comum vermos estudantes recém-alfabetizados trocarem P por B, T por D, F por V e M por N, por não terem ainda consolidado essas relações letra-som. Lamentavelmente, também vemos que, em anos seguintes, algumas crianças continuam a escrever *faca, ao querer notar a palavra "vaca". Os jogos deste capítulo se prestam a garantir a ajuda para que superem esse tipo de trocas, aliando ludicidade e reflexão. Revisaremos, de início, os resultados de uma pesquisa em que os jogos em foco foram testados e, em seguida, detalharemos a descrição de cada jogo (de *classificação* ou de *escrita* de palavras) bem como discutiremos os princípios adotados, quando foram empregados na sala de aula.

Breve introdução

As letras P, B, T, D, F e V, em nossa língua, são as únicas de que dispomos para notar, respectivamente, os fonemas /p/, /b/, /t/, /d/, /f/

e /v/. Esse tipo de regularidade direta também se aplica aos fonemas /m/ e /n/ no começo de palavras como "mala" e "navio". Desse modo, quando um aprendiz escreve *faca em lugar de "vaca", precisa de ajuda para perceber a distinção entre os fonemas /f/ e /v/.

Segundo Silva (2001, p. 126): "O procedimento habitual de identificação de fonemas é buscar duas palavras com significados diferentes, cuja cadeia sonora seja idêntica. As duas palavras constituem um par mínimo". É interessante, então, que as crianças com dificuldades na notação de regularidades diretas – por exemplo, "faca" e "vaca" – sejam ajudadas a perceber a oposição fonêmica /f/ e /v/, de modo a poderem relacioná-la às formas de suas escritas. Todos os jogos que veremos neste capítulo se guiam por esse princípio.

Revisando nossa pesquisa...

Num estudo prévio (ALMEIDA; MORAIS, 2022), nosso *objetivo* foi investigar a possível contribuição de jogos para a aquisição das regras diretas de nossa ortografia (P/B, T/D, F/V e M/N em início de palavra). Os *participantes* foram estudantes que estavam no 3º e no 4º anos do ensino fundamental de uma escola municipal de Recife, que já tinham alcançado uma hipótese alfabética de escrita, mas ainda cometiam erros naquelas regularidades diretas.

Para fins de *diagnóstico*, usamos um ditado de frases com lacunas no lugar de algumas palavras, com base no quadro diagnóstico elaborado por Morais (2007), que permitiu mapear quais eram os conhecimentos das crianças relativos às regularidades diretas.

Qual foi o nosso *procedimento metodológico*? Todos os alunos das duas turmas daquela escola participaram da aplicação coletiva do ditado diagnóstico. Ele foi aplicado em fevereiro, antes do início das sessões de jogos, e a partir dele pudemos perceber quais crianças ainda tinham dificuldades em pelo menos uma das regularidades diretas e propor a elas a intervenção pedagógica por meio de jogos.

A partir da diagnose inicial, realizamos as sessões de jogos em duplas, formadas com os 10 alunos diagnosticados com dificuldades em um ou mais pares dessas regularidades, sendo duas duplas de alunos do 3º ano e uma dupla do 4º ano. Usamos quatro jogos para cada uma das quatro regularidades diretas (P/B, T/D, F/V e M/N em início de palavra), sendo dois de classificação e dois de escrita de palavras, perfazendo um total de 16 variações de jogos. As sessões de jogos foram feitas fora das salas de aula de origem, e a primeira autora do trabalho atuava como mediadora, incentivando os estudantes a explicitarem o porquê de suas jogadas. Todas as sessões foram videogravadas, já que se tratava de uma pesquisa. Ao final das sessões com jogos, no mês de abril, as crianças participantes realizaram outro ditado, de forma a verificar se havia ocorrido avanço em suas escritas.

Que *resultados* obtivemos? Verificamos que, durante a aplicação dos jogos, os alunos mostravam-se interessados e motivados, de modo que, ao acertarem e errarem, as expressões de euforia ou frustração eram evidentes. Alguns jogos traziam maior grau de dificuldade, principalmente os que solicitavam aos estudantes que lembrassem de palavras para escrevê-las, como foi o caso do jogo "Em busca de palavras". O Quadro 5.1, a seguir, mostra a evolução do desempenho ortográfico dos alunos, revelando o número de erros cometidos no ditado inicial (DI) e no ditado final (DF):

Quadro 5.1: Quantidade de erros na notação de P/B, T/D, F/V, nas duas ocasiões de ditado

Regularidades	P		B		T		D		F		V	
	DI	DF	DI	DF	DI	DF	DI	DF	DI	DF	DI	DF
3º ano	01	00	03	00	02	01	00	00	02	00	00	00
4º ano	01	00	02	00	00	00	01	00	01	00	00	00
Total	02	00	05	00	02	01	01	00	03	00	00	00

DI= desempenho inicial; DF= desempenho final.
Fonte: Elaborado pelos autores.

Ao analisarmos os desempenhos iniciais dessas turmas, pudemos constatar que as crianças, em suas escritas, apresentavam poucos erros, já que estavam no 3º e no 4º anos, e essas dificuldades já deveriam ter sido superadas. Após a intervenção com os jogos, como você pode ver no desempenho final (DF) de cada turma, quase todas as palavras foram grafadas corretamente, à exceção de uma. Isso pode sinalizar que todas as demais regularidades diretas foram consolidadas pelos/as estudantes que formaram as duplas, o que, para nós, é uma evidência de que os jogos as ajudaram na compreensão e internalização daquelas regras ortográficas.

Os jogos que propomos para o ensino das regularidades diretas: sua descrição e os procedimentos ao jogar

Nossa proposta, então, é ajudar nossos aprendizes a perceberem as distinções fonêmicas entre /p/ e /b/, /t/ e /d/, /f/ e /v/, elaborando jogos que promovam reflexões sobre palavras que se distinguem por apenas um desses fonemas que constituem um "par mínimo". Aqui, acrescentamos jogos que também envolvem a notação de /m/ e /n/ no começo de palavras.[12]

Na pesquisa citada na seção anterior, para cada par de fonemas elaboramos quatro jogos. Os dois primeiros jogos de cada par de fonemas são de *classificação*, nos quais os alunos têm de refletir sobre os sons e agrupar palavras. Os dois seguintes são de *escrita* de palavras, em que eles precisam mostrar por escrito o fruto dessas reflexões. Vale salientar que, nos jogos de escrita, você precisará fornecer às crianças o alfabeto móvel.

Sugerimos que você, professora ou professor, sempre apresente o jogo, inicialmente, para toda a turma ou para todos os alunos que participarão da jogada. Salientamos, entretanto, que nem sempre todos os alunos irão necessariamente participar dos jogos pelos seguintes motivos: 1) podem se negar a participar (e devem ser respeitados, pois

---

[12] No caso das trocas entre M e N em início de palavra, nem sempre os erros se devem a uma falha de discriminação fonológica, às vezes decorrem de uma confusão entre a forma gráfica das letras ("número de perninhas" da letra). Entendemos, porém, que as crianças que escrevem *mariz e *nala, no lugar de "nariz" e "mala" se beneficiam com reflexões semelhantes às que aplicamos para os pares P/B, T/D e F/V.

o jogo deve ser uma atividade voluntária); 2) determinados jogos são demasiado fáceis ou difíceis para certos alunos. No caso da pesquisa anteriormente comentada, vimos que, nas duas turmas, apenas dez alunos precisavam da reflexão que os jogos agora descritos lhes propiciava.

- **Jogos de classificação de palavras para o ensino de regularidades diretas**

Jogo de classificação "Completando a frase"

Antes de iniciar este jogo, sugerimos que você verifique se as crianças conhecem todas as palavras que serão usadas para completar as frases, pois o desconhecimento das palavras pode repercutir na escolha equivocada das fichas. Assim, a cada par de relações fonema-grafema tratado como objeto de reflexão, cabe ler, antes de começar a jogada, cada uma das palavras que aparecem nas cartelas.

Durante as jogadas, você fará perguntas do tipo:

- "Você tem a palavra que completa essa frase?"
- "E se eu trocar F por V, em lugar de "faca" ficaria qual palavra?"

Apresentamos, a seguir, a cartela, as regras e demais informações do jogo "Completando a frase".

Jogo "Completando a frase – versão P/B"

Meta do jogo: Obter o maior número de fichas de frases
Participantes: A partir de 2 jogadores ou duplas
Material: 10 fichas de palavras e 10 fichas de frases

Regras:
1. As fichas de palavras são embaralhadas pelo/a docente e distribuídas igualmente entre os jogadores ou duplas, que devem lê-las.
2. Os jogadores decidem, entre si, quem inicia o jogo.

3. O/a professor/a embaralha as frases e as coloca emborcadas sobre a mesa.
4. O/a professor/a pede para que o primeiro jogador ou dupla escolha uma das frases. O/a professor/a realiza a leitura da frase, e o jogador ou dupla que estiver com a palavra que a completa avisa e soletra a palavra. Se acertar, fica com a frase, se errar, a frase é devolvida para a mesa.
5. O/a jogador/a ou dupla seguinte repete o mesmo processo, até chegar ao término da partida.
6. Quem tiver mais fichas de frases ao final do jogo vence.
7. Se, ao final do jogo, houver empate, o/a professor/a lê a última frase da cartela de correção, e a palavra que a completa deve ser soletrada pelos jogadores ou duplas que empataram. Para tanto, disputarão no par ou ímpar quem será o primeiro. O primeiro que soletrar corretamente vence.

Nos boxes a seguir, aparecem todas as frases e listas de palavras que usamos para enfocar e refletir sobre cada par de fonemas.

Jogo "Completando a frase – versão P/B"

Fichas de frases (a palavra sublinhada é a que a criança precisa localizar para completar a frase):

O bule está cheio de café.
O pássaro me deu uma bicada.
Dois sapatos formam um par.
O médico veste uma bata branca.
Ele não pode brincar hoje.

Mamãe disse: "Não pule na cama!".
A picada de abelha dói muito.
Maria comprou refrigerante naquele bar.
A pata chocou os ovos.
O bode é o marido da cabra.

Palavras que aparecem nas fichas: PULE – BULE – PICADA – BICADA – PAR – BAR – BATA - PATA – PODE – BODE

Jogo "Completando a frase – versão T/D"

Fichas de frases (s palavra sublinhada é a que a criança precisa localizar para completar a frase):

Aquela mochila é <u>dela</u>.
A irmã do papai é minha <u>tia</u>.
Joguei o <u>dado</u> e tirei 3 pontos.
Tinha muito <u>gado</u> no pasto.
<u>Tente</u> acertar todo o exercício.

A <u>tela</u> da televisão está manchada.
Hoje o <u>dia</u> está quente.
O <u>tato</u> é um dos cinco sentidos.
Meu <u>gato</u> pulou e fez miau.
Luciana arrancou o <u>dente</u> de leite.

Palavras que aparecem nas fichas: DELA – TELA – TIA – DIA – DADO – TATO – GADO – GATO – TENTE – DENTE

Jogo "Completando a frase – versão F/V"

Fichas de frases (a palavra sublinhada é a que a criança precisa localizar para completar a frase):

A fada usa uma <u>varinha</u> de condão.
Marina tirou uma <u>foto</u> no parque.
A <u>vaca</u> teve um lindo bezerro.
A <u>girafa</u> tem o pescoço longo.
Formamos a <u>fila</u> para entrar na sala de aula.

Meu pai gosta de feijão com <u>farinha</u>.
Não revelo meu <u>voto</u> a ninguém.
A <u>faca</u> que usei não está amolada.
A roda-gigante <u>girava</u> devagar.
Eu moro em uma <u>vila</u> popular.

Palavras que aparecem nas fichas: VARINHA – FARINHA – FOTO – VOTO – VACA – FACA – GIRAFA – GIRAVA – FILA – VILA

Jogo "Completando a frase – versão M/N"

Fichas de frases (a palavra sublinhada é a que a criança precisa localizar para completar a frase):

> Mamãe tirou a <u>nata</u> do leite.
> Tenho medo de andar de <u>moto</u>.
> A <u>mula</u> empacou.
> Maria tem <u>nove</u> anos.
> Vi o <u>mapa</u> da cidade.
> O Curupira vive na <u>mata</u>.
> Eu <u>noto</u> que você está triste.
> Aquela resposta é <u>nula</u>, não tem valor.
> Minha irmã não <u>move</u> nem uma palha.
> Aquele sofá é de <u>napa</u> ou de tecido?
>
> **Palavras que aparecem nas fichas:** NATA – MATA – MOTO – NOTO – MULA – NULA – NOVE – MOVE – MAPA – NAPA

E depois de concluída a partida? Ao final, você pode também escrever as palavras no quadro, pedir para que digam outras palavras começadas como aquela, pedir que desenhem figuras cujos nomes começam com uma e com outra letra (por exemplo, com F e com V), entre outras atividades.

Jogo de classificação "Juntando os iguais"

Como jogo de classificação de palavras, este também implica que os alunos recebam figuras e palavras, sem terem de gerar, eles próprios, a escrita das palavras em foco.

Antes de iniciar o jogo, você deve apresentar as figuras e pedir às crianças que repitam seu nome, para facilitar seu reconhecimento posterior.

Eis as regras e demais informações do jogo:

> **Jogo "Juntando os iguais"**
>
> **Meta do jogo:** Obter o maior número de cartas com figuras
> **Participantes:** A partir de 2 jogadores ou duplas
> **Material:** 8 cartas com figuras cujos nomes começam com P/B, T/D, F/V e M/N

Regras:
1. Colocar as cartas com as figuras para cima e pedir que observem com atenção.
2. Em seguida, as cartas serão emborcadas, no lugar onde estavam.
3. Os alunos decidem no par ou ímpar quem vai começar.
4. O/a primeiro/a jogador/a ou dupla pega uma carta e busca, entre as outras, uma que comece com a mesma letra.
5. Se conseguir formar o primeiro par de figuras, fica com as fichas e deve continuar buscando outra.
6. Se não a encontrar, devolve a carta, passando a vez ao outro.
7. O segundo jogador a formar o par deve buscar figuras iniciadas com a outra letra do par mínimo (p. ex.: se antes era F, agora deverá procurar figuras começadas por V).
8. Ganha o jogo quem primeiramente conseguir juntar as quatro figuras começadas com determinada letra e explicar por que as agrupou, soletrando cada palavra.

Resumimos, no box a seguir, as figuras que foram utilizadas no jogo "Juntando os iguais".

Jogo "Juntando os iguais – versão P/B"

BOTA – BONECA – BALEIA – BICICLETA – PIÃO – PIPOCA – PEIXE – PALHAÇO

Jogo "Juntando os iguais – versão T/D"

DADO – DOCE – DINHEIRO – DEDO – TUBARÃO – TIGRE – TELEFONE – TARTARUGA

Jogo "Juntando os iguais – versão F/V"

FOGÃO – FADA – FACA – FOLHA – VIOLÃO – VESTIDO – VELA – VASSOURA

> **Jogo "Juntando os iguais – versão M/N"**
> NAVIO – NARIZ – NUVEM – NINHO – MACACO –
> MILHO – MAÇÃ – MÉDICO

Enfatizamos que as figuras agora mencionadas se encontram nos Apêndices que aparecem após o último capítulo deste livro.

Ao final da partida, é interessante que você divida o quadro em duas colunas e, em cada uma, registre, com a ajuda dos alunos, o nome das figuras constantes no jogo, para que eles possam observar mais detidamente a relação som/grafia. Pode, também, pedir que falem outras palavras começadas por essas letras ou que desenhem novas figuras para aumentar o número de cartas do jogo. É bastante interessante para eles pensarem em palavras iniciadas pelos pares mínimos, fazendo assim uma análise fonológica das palavras que devem colocar nas novas cartelas.

- **Jogos de escrita de palavras para o ensino de regularidades diretas**

Os jogos de escrita são pensados para levar os alunos à escrita de palavras, desenvolvendo ainda mais a consciência sobre as relações fonema-grafema das regularidades diretas enfocadas (F/V, P/B, T/D, M/N). Para tanto, sempre usaremos figuras, e as crianças devem escrever o nome das palavras que as nomeiam.

Ao organizar os/as estudantes para esses jogos, você deve ter o cuidado de não colocá-los/as muito próximos/as, a ponto de um copiar a escrita do outro.

Jogo de escrita "Corrida de palavras"

Antes de começar, você precisa mostrar as figuras e combinar com os participantes como vão nomear cada uma delas. É também necessário que os/as estudantes (individualmente ou em duplas) tenham à sua disposição alfabetos móveis para que montem as palavras. Esse recurso das letras móveis proporciona aos/às estudantes a possibilidade de manipular as letras, podendo trocá-las tantas vezes quanto for necessário, de modo a escreverem corretamente as palavras propostas ou evocadas (quando o propósito for recuperar de memória algumas palavras com o par mínimo em questão).

Uma sugestão é que você entregue a cada aprendiz ou dupla de aprendizes apenas o conjunto de letras necessárias para a formação das palavras, pois, desse modo, não perderão muito tempo localizando e classificando as que utilizarão na escrita. Essa recomendação é especialmente adequada para crianças que estão recém-chegadas a uma hipótese alfabética e ainda têm muito o que consolidar no manejo das relações fonema-grafema. Eis as regras do jogo.

Jogo "Corrida de palavras"

Meta do jogo: Escrever corretamente o nome de todas as figuras da cartela

Participantes: A partir de 2 alunos ou 2 duplas

Material: Uma caixa com letras móveis e cartela com 5 figuras para cada aluno ou dupla, cujos nomes começam com P/B, T/D, F/V e M/N

Regras:
1. Cada jogador ou dupla de jogadores recebe uma caixa com a cartela de figuras e as fichas de letras móveis.
2. A um sinal dado pelo/a professor/a, os jogadores abrem as caixas e começam a montar (escrever) os nomes das figuras abaixo da cartela.
3. O/a aluno/a ou dupla que conseguir escrever primeiramente as palavras avisa o/a professor/a, que encerra a escrita.
4. Quem tiver escrito todas as palavras corretamente vence o jogo.
5. Caso haja alguma escrita errada, o/a professor/a diz que precisam revisar (sem dizer onde) e permite que recomecem a escrita para todos, até que um/a participante ou dupla consiga escrever todas as palavras corretamente.

No box a seguir, listamos os conjuntos de figuras constantes nas cartelas do jogo, que podem ser encontradas nos Apêndices ao final do livro. Eis as palavras/figuras selecionadas.

Jogo "Corrida das palavras – versão P/B"

BULE – PETECA – POTE – BOTA – BICO

Jogo "Corrida das palavras – versão T/D"

GATO – DOMINÓ – TATU – DADO – TELA

Jogo "Corrida das palavras – versão F/V"

VACA – VARINHA – FOTO – GIRAFA – FIGA

Jogo "Corrida das palavras – versão M/N"

MALA – NOVE – NARIZ – MOEDA – NUVEM

Ao final do jogo, na hora da correção, considerando que o objetivo é que nossos/as alunos/as atentem para as regularidades diretas, é importante que só se considere essa questão. Desse modo, se eles/as escreverem *varilha, *varina, *jirafa, *guirafa (ao tentarem escrever "varinha" e "girafa"), não devemos, durante o jogo, subtrair pontos dessas escritas desviantes, mas, sim, considerar como estão escrevendo o "va" de "varinha" ou o "fa" da "girafa". No entanto, após o jogo, é adequado que você apresente as escritas corretas às crianças.

Jogo de escrita "Em busca de palavras"

Nesse segundo jogo de escrita, enfocando regularidades diretas, as crianças não têm nenhuma pista para escrever, por isso ele pode ser um pouco mais difícil para elas, já que terão de evocar em suas mentes palavras sobre cuja grafia terão de pensar. Por isso, é preciso estimulá-las à tarefa proposta.

Eis as regras e informações do jogo.

Jogo "Em busca de palavras"

Meta do jogo: Escrever 8 palavras que comecem com as mesmas letras dos nomes das figuras (4 para cada figura)
Participantes: 2 alunos ou 2 duplas
Material: duas cartelas com figuras cujos nomes começam com P/B, T/D, F/V e M/N e letras móveis

Regras:
1. A um sinal do/a professor/a, os alunos escrevem 4 palavras que comecem com a mesma letra do nome das duas figuras das cartelas.
2. Ganha o jogo o aluno ou a dupla que escrever primeiramente e explicar por que escreveu daquela forma as 8 palavras.

No box a seguir, listamos as figuras das cartelas do jogo, que podem ser encontradas nos Apêndices:

Jogo "Em busca de palavras – versão P/B"

Cartela 1: PATO – BONECA
Cartela 2: BULE – PALHAÇO

Jogo "Em busca de palavras – versão T/D"

Cartela 1: DADO – TELEFONE
Cartela 2: TUBARÃO – DINHEIRO

Jogo "Em busca de palavras – versão F/V"

Cartela 1: FITA – VESTIDO
Cartela 2: VELA – FACA

> **Jogo "Em busca de palavras – versão M/N"**
> Cartela 1: MOLA – NAVIO
> Cartela 2: NOVE – MACACO

Esperamos que, ao final do jogo, as crianças deem respostas do tipo: "Escrevi 'parede' porque começa igual a 'pato'", ou "O 'te' de 'telefone' é igual ao 'te' de 'televisão'".

Como se trata de um jogo de "conclusão" da sequência de jogos que se prestam à reflexão sobre regularidades diretas, podemos, ao final da partida, pedir que as crianças venham ao quadro registrar suas palavras e, a partir delas, fazermos mais indagações do tipo "Se em lugar de P eu tivesse escrito B, ficaria uma outra palavra de verdade?". Caso sim, indagar: "Que palavra ficaria?". Essa pequena variação ajuda nossos aprendizes a pensarem na diferença entre palavras que existem e palavras "possíveis", mas que não são "de verdade".

Se o jogo estiver sendo realizado, simultaneamente, com vários grupos na sala de aula, você pode, ao final da jogada, propor também um momento coletivo de reflexão, sobre um repertório menor das palavras que produziram.

Para finalizar...

Esperamos que as sugestões de jogos aqui descritas e comentadas lhe auxiliem na condução de atividades que levem seus aprendizes a superarem as dificuldades na notação de correspondências fonográficas de regularidades diretas. Não esqueça que você pode adaptar esses jogos, ampliar o número de frases, figuras e palavras, propor e/ou construir com os/as estudantes novas regras, de modo a levar em conta o vocabulário da comunidade local e atender às necessidades dos seus alunos.

Vamos aprender um pouco a respeito da utilização de jogos para a reflexão sobre regras ortográficas de tipo contextual? Então, atenção ao próximo capítulo!

CAPÍTULO 6
JOGOS COM REGULARIDADES CONTEXTUAIS

> Neste capítulo apresentaremos alguns jogos destinados ao ensino de regularidades ortográficas de tipo contextual. Essas regularidades são muitas, e a escrita das correspondências fonográficas desse tipo depende do contexto em que a letra ou o dígrafo aparecem na palavra, conforme vimos no capítulo 2. Desse modo, os jogos que constam neste capítulo são os que ajudam o estudante a refletir sobre as seguintes regras: uso de C ou QU, de G ou GU; de M ou N em final de sílabas e os diferentes usos de R e RR. Antes de iniciar, faremos alguns esclarecimentos sobre como contrastamos letras e/ou dígrafos e mostraremos os resultados de uma pesquisa em que os jogos aqui apresentados foram utilizados. Em seguida, traremos a descrição dos jogos (que, assim como aqueles que envolviam regularidades diretas, foram divididos em jogos de *classificação* e de *escrita* de palavras). Apresentaremos, também, orientações quanto à aplicação de cada um deles.

Breve introdução

No ensino de ortografia, é importante considerar que cada regra tem sua particularidade, e, portanto, mesmo que sejam bem parecidas, o/a aprendiz vai ter de se centrar no emprego de cada letra ou dígrafo para descobrir e compreender o princípio ortográfico em questão e, assim, ser capaz de usar essas letras/dígrafos em outras palavras da língua, mesmo que para ele/a sejam desconhecidas.

Ao elaborarmos os jogos, tivemos o cuidado de pensar em palavras que suscitassem a reflexão dos aprendizes sobre determinada regra específica, de modo a terem de decidir qual seria a letra ou o dígrafo apropriados para sua escrita. Desse modo, optamos pelo ensino com jogos que contrastam duas grafias que notam o mesmo som (ex: C e QU). Segundo Morais (1999) e Nunes e Bryant (2014), essa é uma alternativa didática melhor que o tratamento isolado de cada grafia. Essa opção, mais uma vez encampada por nós, implica que, para favorecer, por exemplo, a reflexão das crianças a respeito da notação do fonema /k/, formulamos jogos com o par C/QU, simultaneamente. Já para refletir sobre o fonema /g/, apresentamos jogos com G/GU; para os fonemas vocálicos nasais em final de sílaba, utilizamos os jogos com o par M/N, e, finalmente, para os fonemas /r/ e /R/, criamos jogos com o par R/RR. Esses jogos foram elaborados no âmbito de uma pesquisa de mestrado, que apresentaremos a seguir.

Vale salientar que todos os jogos, com suas figuras e fichas de palavras ou frases, encontram-se no Apêndice B, ao final do livro.

Revisando nossa pesquisa

A pesquisa realizada pela primeira autora (ALMEIDA, 2013), sob a orientação do segundo autor deste livro, teve por *objetivo* investigar se a mediação pedagógica, durante sessões de aplicação de jogos de ortografia, poderia favorecer a melhoria do desempenho ortográfico dos/das estudantes. Tivemos como *participantes* estudantes do 4º ano do ensino fundamental de duas escolas municipais de Recife que já estavam com uma hipótese de escrita alfabética bem consolidada.

Como *diagnóstico*, fizemos um ditado de palavras por meio de um texto lacunado, baseado no quadro diagnóstico elaborado por Morais (2007).

O *procedimento metodológico* adotado por nós foi o seguinte: a partir da diagnose aplicada com toda a turma, selecionamos as crianças que apresentavam uma maior dificuldade nas regras mencionadas anteriormente: C/QU, G/GU, M/N em fim de sílaba e diferentes usos do R/RR. Foram selecionadas 10 crianças em cada uma das escolas, que participavam, em duplas, de sessões de jogos, fora do ambiente de sala de aula. Em uma das escolas, os jogos eram aplicados e pedíamos às crianças que justificassem suas respostas, enquanto, na outra, elas jogavam e nós apenas confirmávamos se elas tinham acertado ou não. Cada criança participou de 16 sessões de jogos, sempre jogando contra um/a colega. Após todas as sessões, reaplicamos o ditado diagnóstico, para verificar se houve avanço na aprendizagem das regras estudadas.

Qual *resultado* obtivemos? Alguns jogos revelaram maior grau de dificuldade, principalmente os que solicitavam aos estudantes que lembrassem de palavras para escrevê-las, como foi o caso do "Em busca de palavras", enquanto os jogos de classificação sempre pareciam mais fáceis para as crianças.

Observamos, no Quadro 6.1, a seguir, em negrito, os contextos em que houve aumento no número de crianças que consolidaram as aprendizagens, na situação final. Dizemos que elas consolidaram (CO) quando acertavam todas as palavras da regra contextual investigada. Quando oscilavam, ora escrevendo corretamente, ora errando, foram classificadas na coluna OS. No mesmo quadro, a coluna N identifica as quantidades de crianças que ainda não conseguiam escrever corretamente a regra contextual em foco.

Quadro 6.1: Desempenho inicial e final dos diferentes subgrupos de crianças

Regra contextual	Grupo sem mediação						Grupo com mediação					
	Situação inicial			Situação final			Situação inicial			Situação final		
	N	OS	CO	N	OS	CO	N	OS	CO	N	OS	CO
M fim de sílaba	5	5	-	3	7	-	2	7	1	1	8	1
N fim de sílaba	4	6	-	3	6	1	2	5	3	1	4	5
CA, CO, CU	-	1	9	-	1	9	-	2	8	-	1	9

Regra contextual	Grupo sem mediação						Grupo com mediação					
	Situação inicial			Situação final			Situação inicial			Situação final		
	N	OS	CO	N	OS	CO	N	OS	CO	N	OS	CO
QUE, QUI	2	2	6	1	1	8	-	3	7	-	2	8
GA, GO, GU	1	6	3	-	4	6	1	3	6	-	-	10
GUE, GUI	9	1	-	6	3	1	3	6	1	1	2	7
R brando	1	4	5	-	5	5	-	-	10	-	-	10
RR	8	2	-	5	-	5	7	2	1	3	3	4

N = total de alunos que não conseguiram escrever corretamente;

OS = total de alunos que oscilaram, acertando e errando ao escrever;

CO = total de alunos que sempre acertaram, sugerindo ter consolidado o uso da regra.

Conforme podemos observar, houve avanço em ambos os grupos, apesar de ser mais evidente o progresso nos grupos em que foi assegurada a mediação que levava os alunos a refletirem. Por outro lado, vimos que, em alguns casos (por exemplo, o emprego do G/GU), os progressos foram mais evidentes, ao passo que, para certas regras (como o M final de nasalização), a evolução foi menor, e muitas crianças demonstraram avançar porque passaram a oscilar no emprego de M ou N... Temos de ver que esse é um primeiro sinal de progresso!

Isso pode sinalizar que, ao fazer a classificação ou escrita de palavras durante os jogos, os alunos puderam voltar sua atenção para o interior da palavra. Com os jogos, permitiu-se que as crianças ficassem atentas às palavras, o que parece ter favorecido a reflexão sobre as regularidades contextuais tratadas.

Cabe registrar, mais uma vez, que algumas regras contextuais se revelaram mais complexas que outras e que, em alguns casos, não se conseguiu consolidar o domínio de algumas delas. Estando atento/a a isso, você, docente, poderá ver quais crianças precisam vivenciar mais partidas ou outras atividades que as levem a refletir sobre a(s) regra(s) que continua(m) constituindo fonte de erros.

Foi interessante perceber que, durante os jogos, as crianças ficavam bastante motivadas e tendiam a verbalizar as regras à medida que passavam a compreendê-las, mesmo que não tivessem sido questionadas quanto às suas respostas. Nesse sentido, assumiam uma mediação bem reflexiva.

Tendo em vista que essa pesquisa apontou avanços no desempenho ortográfico dos estudantes e, sobretudo, motivou-os a "focar" o interior das palavras com que brincavam, passaremos, agora, a apresentar os jogos de regularidades contextuais que foram por nós utilizados, discutindo também o que a criança precisa saber para dominar as regras constantes em cada jogo.

Os jogos que propomos para o ensino das regularidades contextuais: sua descrição e os procedimentos ao jogar

Enquanto no capítulo anterior apresentamos apenas quatro jogos que, com uma variação quanto ao repertório de letras enfocadas, atendiam às reflexões sobre as regularidades diretas, aqui, com as regularidades contextuais, teremos um número bem maior, considerando as especificidades de cada regra escolhida para o ensino.

Apresentaremos, então, os jogos que suscitam reflexões sobre o emprego do C/QU, do G/GU e do M/N ao final de sílaba e dos diferentes contextos do R/RR. Na seção "Jogos de classificação de palavras para o ensino de regularidades contextuais", serão apresentados dois jogos de *classificação* para cada regra, ao passo que na seção "Jogos de escrita de palavras para o ensino de regularidades contextuais" constarão apenas os jogos de *escrita* relativos às mesmas regras.

- Jogos de classificação de palavras para o ensino de regularidades contextuais

Jogos de classificação com o par C/QU

Você pode ter observado que, muitas vezes, nas turmas de alfabetização, vemos os adultos ensinando aos alunos a "família silábica" da letra C, com as crianças recitando "CA", "CO", "CU". E é comum os alunos pensarem que, para escrever o segmento /ke/ na palavra "querido", podem escrever *cerido. Necessário se faz, então, que os coloquemos diante de situações em que possam viver o conflito entre o que já sabem sobre a escrita e as relações fonográficas que ainda não dominam.

Todos os jogos com C/QU têm como objetivo didático promover a percepção de que o fonema /k/ é representado por C antes de A, O e U e por QU antes de E e I. Vamos aos jogos?

Jogo de classificação: "Jogo da memória – C/QU"

Esse jogo envolve habilidades como o uso da memória (para localizar as figuras que interessa parear) e conhecimentos sobre a escrita.

Durante o jogo, se a criança pegar as figuras "cadeira" e "queijo", por exemplo, é importante que você direcione perguntas como: "Tem certeza de que 'cadeira' começa com C?", "Como ficaria a palavra 'queijo', se, em vez de QU, eu usasse C?". Se esse jogo for apresentado para a introdução da regra, as crianças podem cometer muitos erros na classificação. Não se aflija! Faça a mediação de modo a que a meta seja atingida. Se o jogo for usado após a discussão da regra, você pode pedir que elas justifiquem por que escolheram determinada letra ou dígrafo para notar a palavra.

"Jogo da memória versão C/QU" (Cartela do aluno)

Meta do jogo: Conseguir 4 pares de fichas cujos nomes comecem igualmente (com C ou QU), antes de seu/sua oponente
Participantes: 2 jogadores/as (indivíduos, duplas ou quartetos)
Material: 16 fichas de figuras, sendo 8 com figuras começadas por C e 8 por QU

Regras:
1. O/a professor/a distribui as fichas pela mesa, misturando-as, emborcadas.

2. Os/as jogadores/as tiram par ou ímpar para decidir quem inicia a partida. A pessoa ou equipe que vencer *escolhe se vai procurar figuras com C ou QU durante todo o jogo.*

3. O primeiro jogador vira duas cartas que devem iniciar da mesma maneira: C ou QU. Se virar as palavras com C, deve continuar procurando-as até o final do jogo, e vice-versa.

4. Se formar um par de cartas iniciadas com a(s) letra(s) definida(s) anteriormente, fica com as duas fichas e busca outra carta, procurando formar um novo par. Se não formar, emborca-as novamente, deixando-as no mesmo lugar.

5. O/a colega ou equipe oponente repete o mesmo procedimento.

6. Quem primeiramente pegar as 8 fichas, formando 4 pares, vence o jogo.

Indicação das figuras do "Jogo da memória – C/QU"

CADEIRA – CAJU – CACHORRO – COPO – COLA – CUECA – CUCA – CORAÇÃO – QUIABO – QUEIJO – QUEIXO – QUINZE – QUIBE – QUIOSQUE – QUILO – QUEBRA-CABEÇA

Vale salientar que as figuras mencionadas neste capítulo encontram-se nos Apêndices, ao final do livro.

Ao concluir o jogo, é importante que, com a ajuda dos alunos, você escreva o nome das figuras no quadro e peça que eles observem quais letras aparecem depois do C ou do QU. Podemos, também, pedir a eles/as que escrevam as palavras que constam nas figuras e circulem com cores diferentes as letras que aparecem após as letras C iniciais e depois do dígrafo QU. Outra possibilidade é pedir que pesquisem outras palavras, dividindo-as nos dois contextos, e que também circulem as letras que aparecem depois dos grafemas enfocados.

Jogo de classificação "Quartetos com C e QU"

Nesse jogo, a questão sorte vai estar junto à reflexão sobre a escrita. Por ser um pouco mais longo, é possível que alguns jogadores se desmotivem, achando que não conseguirão realizar as jogadas. É preciso que você os/as incentive ao jogo durante a primeira apresentação. Quando as crianças percebem como ele funciona, observa-se um grande envolvimento e empolgação, o que as levará a uma posterior reflexão, que ajudará na consolidação da regra.

Jogo "Quartetos com C e QU" (Cartela do aluno)

Meta do jogo: Conseguir 4 fichas de palavras ou 4 fichas de figuras começadas por C ou por QU

Participantes: 2 jogadores/as (indivíduos ou duplas)

Material: 16 fichas, sendo 8 com figuras (4 de figuras com nomes começados por "C" e 4 por "QU") e 8 com palavras escritas com letra bastão

Regras:
1. Embaralham-se todas as fichas (de figuras e de palavras), distribuindo-se 4 fichas para cada aluno ou dupla e deixando o resto emborcado num monte sobre a mesa.
2. Os alunos decidem quem inicia o jogo.
3. O primeiro jogador tira uma ficha que está em cima do monte e descarta uma das cartas que já possuía.
4. O segundo jogador faz o mesmo.
5. As jogadas continuam, e vence o jogo quem tiver as 4 fichas começadas de modo igual (com C ou QU): ou 4 fichas de palavras ou 4 fichas de figuras.

Palavras que constam nas fichas do jogo "Quartetos com C e QU": CADERNO – COCO – CUBO – COBRA – QUENTE – QUITANDA – QUINZE – QUIBE

> Figuras que constam nas fichas: CORAÇÃO – CUECA – CADEADO – COPO – QUIABO – QUEIXO – QUINDIM – QUEIJO

Seria interessante você também os auxiliar quanto às estratégias de jogada, sobretudo no primeiro contato das crianças com o jogo. Isso implica chamar atenção para o fato de que, se elas têm nas mãos mais cartas com figuras começadas por determinado grafema (por exemplo, QU), o mais recomendado seria devolver à mesa as que têm palavras com o outro grafema (no caso, o C) ou vice-versa. Essa recomendação pode fazer com que o jogo flua com mais rapidez, minimizando as dificuldades de o estudante ter de descobrir as regras "por conta própria".

É importante que você continue fazendo questionamentos quanto à escrita, e uma ideia também interessante é pedir que construam quadros com as regras para afixar nas paredes da sala, ou para registrar em seus cadernos, para que possam consultar, em caso de dúvidas posteriores, tal como sugere Morais (1998).

Jogos de classificação com o par G/GU

Assim como para notar o /k/, sabemos que para registrar o fonema /g/ nossos alunos têm de optar pelo emprego de G (antes de A, O e U) e GU (antes de E e I). Desse modo, a reflexão que precisamos fazer com eles vai centrar-se na localização das letras que sucedem a letra ou o dígrafo iniciais, tendo uma lógica bem parecida com a do par C/QU. Considerando a similaridade entre eles, não apresentaremos observações sobre o par G/GU.

As perguntas que você pode direcionar aos aprendizes são, por exemplo: "Porque 'garçom' eu escrevo com G?", "Se eu escrevesse 'garçom' com GU, como ficaria?", "Tem certeza de que 'guerra' é escrita com GU? Por quê?", "Se eu escrevesse 'guerra', só com G, como ficaria? O som seria o mesmo?".

Auxiliando-os a perceber esse som e observar como a letra ou dígrafo aparece no contexto da palavra (sua posição no interior da palavra), proporcionamos que descubram mais esse princípio gerativo da ortografia. E então? Vamos conhecer esses jogos?

Jogo de classificação "Garimpo de palavras com G e GU"

É importante que, antes do início do jogo, seja feita a leitura de todas as fichas com palavras, pois, sendo lacunadas, pode ser que as crianças não identifiquem a palavra a ser formada, sobretudo as de uso menos frequente, como é o caso da palavra "guilhotina".

Jogo "Garimpo de palavras com G/GU" (Cartela do aluno)

Meta do jogo: Classificar, corretamente, o maior número de palavras
Participantes: 2 jogadores/as ou duplas
Material: Uma cartela de classificação (para cada jogador/a ou dupla) e 24 fichas de palavras lacunadas com gravuras ao lado

Regras:
1. O professor deve espalhar todas as fichas de palavras sobre uma mesa e entregar a cada participante uma cartela de classificação como o modelo a seguir:

Palavras com G	Palavras com GU

2. A um sinal do professor, os alunos devem classificar as palavras, colocando-as nos lugares indicados nas cartelas.
3. Os/as jogadores/as só devem pegar uma ficha por vez, classificando-as antes de pegar nova ficha de palavras.
4. Após 5 minutos de busca pelas palavras, o professor determina o fim do jogo.
5. É feita a apuração, e quem tiver classificado mais palavras corretamente vence.

> **Indicação das palavras das fichas do jogo
> "Garimpo de palavras com G/GU"**
>
> **Palavras das fichas de palavras lacunadas com suas gravuras:**
> FOGUETE – MORANGO – MORCEGO – CARANGUEJO – GAIVOTA – GOIABA – GUERRA – GUISADO – PREGUIÇA – GOLEIRO – JEGUE - AGULHA – AMIGA – GATO – MANGUEIRA – GUILHOTINA – DENGUE – AÇOUGUE – GALINHA – FORMIGUEIRO – FORMIGA – BRIGADEIRO – GUITARRA – GAIOLA

Esse jogo, considerando o momento em que os alunos começam a classificação, dura, no máximo, 5 minutos. Algumas crianças, ao quererem pegar mais palavras, vão acabar classificando as palavras sem uma maior reflexão sobre a escrita. Por isso, é importante que você faça uma correção coletiva, lançando questionamentos do tipo: "Como escrevemos 'preguiça', com G ou GU?"; "E por quê?", "E se não colocássemos U, como ficaria?" (esse tipo de reflexão cabe, especialmente, quando algum aluno diz que a palavra 'preguiça' se escreve com G).

Você poderá, ao final, classificar essas palavras, colocando-as em duas listas no quadro. Observar a forma gráfica das palavras pode auxiliar o estudante a decidir quanto à escrita correta. Parece-nos importante que a criança possa visualizar a escrita correta das palavras, pois, segundo Pessoa (2018), ao escrever, os aprendizes podem tender a recuperar a imagem visual das palavras em seu léxico mental, em vez de fazer apenas uma análise metafonológica.

Jogo de classificação "É com G ou GU?"

Se você for mediar o jogo com uma dupla ou quarteto, pode ir lendo as palavras à medida em que forem sendo desemborcadas. Caso esteja se dividindo em vários grupos, no momento de aplicação dos jogos, é importante que você leia todas as palavras antes de iniciar. Uma alternativa é você copiar as palavras com as lacunas no quadro e propor uma leitura coletiva, considerando o G ou o GU nelas, escrevendo no quadro, por exemplo, a palavra "CARAN__EJO", e pedir que a leiam com as letras que faltam.

Jogo "É com G ou GU?" (Cartela do aluno)

Meta do jogo: Conseguir o maior número de fichas de palavras
Participantes: 2 jogadores/as (indivíduos, duplas, trios ou quartetos)
Material: Uma ficha com a letra G e uma com GU para cada jogador, 24 fichas com palavras lacunadas

Regras:
1. Depois de decidirem quem inicia o jogo, a professora distribui e coloca as fichas de palavras lacunadas emborcadas na mesa.
2. O primeiro jogador ou dupla vira uma ficha de palavra e mostra a sua ficha (G ou GU) que completará corretamente a palavra. Caso acerte, ficará com a ficha de palavra. Se errar, entregará a ficha à professora, que a deixará guardada.
3. O segundo aluno ou dupla repete o mesmo procedimento.
4. Ao acabarem as fichas da mesa, a professora repõe aquelas que os jogadores completaram de forma equivocada, e o jogo continua.
5. Após o correto emparelhamento na última palavra, ganha quem tiver acertado o maior número de palavras.

Indicação das palavras das fichas do Jogo "É com G ou GU?"

Palavras das fichas: CARANGUEJO – GUERRA – GUIDOM – DENGUE – GUINCHO – AÇOUGUE – GUERREIRO – PREGUIÇA – FOGUETE – SANGUE – FORMIGUEIRO – FOGUEIRA – GARFO – GAITA – GAIVOTA – GAMBÁ – GANGORRA – GOLA – GOLFINHO – GUDE – GULOSO – ANGU – GOLEIRO – AGULHA

Após as jogadas, se esse for o segundo jogo com o par G/GU, os/as estudantes estarão mais confiantes quanto à escrita das palavras. Você pode propor que eles ampliem a lista de palavras do jogo anterior com as que aparecem neste jogo e que pesquisem novas palavras, aumentando, assim, seu repertório vocabular.

Jogos de classificação com o par R/RR

A letra R, em nosso sistema de escrita, pode assumir sons diferentes, a depender da posição em que se encontra na palavra. Promover um trabalho de reflexão sobre sua notação e a realização de pesquisas de palavras com essa letra vai permitir aos nossos alunos que percebam questões como: a) nenhuma palavra começa com RR; b) o R entre vogais tem o som fraco (R brando), como nos casos de "barata" ou "careca", c) em palavras como "rato" e "requeijão" (R inicial), o som do R é forte, assim como em "carruagem" e "corrida" (uso do RR); d) em palavras como "enredo" e "honra", o R tem uma pronúncia forte por estar entre consoante e vogal; e) o som é fraco quando faz parte das combinações BR, CR, DR, FR, GR, PR, TR e VR; f) ele também pode ser pronunciado sem muita força, quando está no fim de uma palavra, como em "ventilador" e "altar"; e g) ele sempre é pronunciado quando está no fim de uma sílaba que não é no final das palavras, como em "carta" e "portão".[13]

Podemos observar que são vários os contextos a considerar quando a questão é o emprego da letra R ou do dígrafo RR. Por isso, é comum vermos as crianças, primeiramente, usarem apenas um R para todas as palavras em que percebem os fonemas /r/ ou /R/. É comum também que, após perceberem a possibilidade de utilizar RR, elas

---

[13] Isso varia conforme o dialeto falado em diferentes regiões brasileiras. A tendência, na maior parte do país, é não "carregarmos" na pronúncia do R final de palavras como "ventilador" e "altar". Já no caso de palavras como "portão" e "carta", sobretudo no Sudeste, a tendência é os falantes usarem o que se chama tecnicamente "R retroflexo", que se parece com o R brando de "barata", ao passo que em outras regiões esse R é forte, como o de "rato" e "carro".

passem a generalizar o uso, mesmo em situações indevidas. Desse modo, é necessário que auxiliemos os aprendizes a compreenderem o emprego do R e do RR, desvelando, por meio de situações didáticas problematizadoras, em quais contextos eles devem ser usados.

Os jogos de classificação apresentados a seguir são indicados para os estudantes que têm dificuldade em utilizar corretamente o R e o dígrafo RR.

Jogo de classificação: "Jogo da velha com R e RR"

Esse jogo envolve, além de reflexão sobre a escrita da palavra, o conhecimento da estratégia utilizada no jogo da velha convencional. Desse modo, seria importante que os alunos já houvessem vivenciado, anteriormente, essa versão tradicional, antes de apresentar esse jogo ortográfico só com palavras com R e RR.

Você, professor/a, precisa mediar o jogo até que apareça um vencedor. Pode, no decorrer das partidas, perguntar: "Por que você acha que essa palavra é com RR?", "E por que essa é com R?", "Se eu escrevesse 'coração' com RR, como ficaria?".

"Jogo da velha com R e RR" (Cartela do aluno)

Meta do jogo: Vence o jogo quem completar 4 fichas na horizontal, vertical ou diagonal

Participantes: 2 jogadores (indivíduos ou duplas)

Material: Uma cartela, 16 figuras, sendo 8 com nomes de palavras com R e 8 com RR, e 8 fichas com círculos e 8 com X

Regras:
1. Os/as jogadores/as decidem quem inicia o jogo e distribuem as fichas coloridas, devendo cada um ficar com 8 da mesma cor para marcar sua pontuação.
2. As figuras ficam dispostas na mesa, voltadas para cima.
3. O primeiro jogador escolhe se vai buscar figuras que têm o nome escrito com R ou RR, pega uma figura e a coloca em alguma

posição do tabuleiro. Se acertar, coloca sua ficha (X ou círculo) em cima para marcar esse acerto.

4. O/a segundo/a jogador/a pega uma figura com a opção não escolhida pelo/a colega (R ou RR) e coloca no tabuleiro.
5. Ao jogar novamente, os/as participantes devem continuar pegando as figuras conforme sua escolha no início do jogo.
6. Se o colega errar na escolha da figura, o outro jogador pega essa ficha com a figura e marca seu jogo, podendo fazer nova jogada.
7. Ganha quem conseguir colocar 4 palavras na horizontal, vertical ou diagonal.
8. Se houver empate os alunos devem repetir o jogo.

Indicação das figuras do "Jogo da velha com R e RR"

CARRO – JARRA – GARRAFA – FERRO – BARRIL – BURRO – MACARRÃO – BORRACHA – RATO – RODA – CADEIRA – TESOURA – ÁRVORE – PORTA – BRINCO – PRATO

É recomendado que você vá propondo a eles algumas reflexões, durante as jogadas, para fazê-los/as perceberem se acertaram ou não. Quando observar que as crianças já não têm dificuldade, você pode deixar que joguem, sem levantar muitos questionamentos.

Após o jogo, as palavras podem ser escritas no quadro, pedindo-se aos/às estudantes que classifiquem essas palavras de acordo com o quadro a seguir:

RR	R inicial	R entre vogais	R no fim de sílaba	R em encontro consonantal

Jogo de classificação "Na trilha do R e do RR"

Nesse jogo, a questão "sorte" vai estar bem presente, tanto quando a criança arremessa os dados como na definição das casas em que sua peça (pino) deve ficar. Ele costuma mobilizar bastante os aprendizes, que ficam eufóricos durante as partidas.

Você precisa estar atento/a às necessidades de seus/suas estudantes e ir fazendo questionamentos durante as jogadas. Não os faça a cada jogada, para não tornar o jogo maçante, mas não deixe de fazer algumas problematizações, durante a partida, pois as perguntas vão instigar as crianças a pensarem sobre a ortografia.

"Na trilha do R e do RR" (Cartela do aluno)

Meta do jogo: Chegar primeiramente ao final da trilha
Participantes: De 2 a 4 jogadores
Material: 4 pinos de cores diferentes, uma trilha (20 casas com figuras cujos nomes são palavras escritas com R ou RR), um dado comum, uma ficha com a letra R e uma ficha com RR

Regras:
1. Decide-se quem iniciará o jogo, com par ou ímpar.
2. As fichas R e RR ficarão no centro da mesa, para que os jogadores possam apontá-las em suas jogadas.
3. O/a primeiro/a jogador/a lança o dado e anda a quantidade de casas indicada nele.
4. Se na casa onde deverá parar tiver uma palavra a ser completada, o/a participante indicará a(s) letra(s) faltante(s) com uma ficha (R ou RR).
5. Se acertar, fica na casa que conseguiu solucionar.
6. Se errar, volta à casa onde estava anteriormente.
7. Ganha quem chegar ao final da trilha primeiramente.

> **Indicação das figuras do jogo "Na trilha do R e RR"**
> **RR:** CARRO – BURRO – JARRA – BORRACHA – CACHORRO
> **R inicial:** RAPOSA – RAQUETE – RELÓGIO
> **R brando:** CORAÇÃO – PIRATA – VARINHA
> **R encontro consonantal:** PRESENTE – GRAVATA – TIGRE – BRAÇO
> **R fim de sílaba:** CARTA – CIRCO – ÁRVORE - BARCO – PORTA

Quando do término do jogo, você pode perguntar aos/às estudantes quais estratégias utilizaram para decidir quanto à escrita das palavras. Essa conversa pode lhe dar pistas importantes sobre como eles/as estão pensando e auxiliar a reorientar o ensino, caso necessário.

Jogos de classificação com M/N no final de sílabas

Normalmente, após trabalharmos com o emprego de M e N no final de sílabas e pedirmos às crianças que respondam, por exemplo, "Por que 'pombo' se escreve com M?", é natural ouvirmos a turma, como em um coro, responder: "Porque antes de P e B a gente usa M". Em pesquisa que realizamos, percebemos que estar com essa "cantilena" na ponta da língua não implica conseguir empregar corretamente essas duas letras em tais contextos. Se observarmos bem, em nossa língua é mais comum o aparecimento do N nos finais de sílaba, ao passo que o M só aparece antes das letras P e B. Desse modo, as crianças tendem a utilizar mais a letra N. É necessário que façamos com que elas percebam que o M e o N nessa posição servem para nasalizar a letra que a antecede, mas o som não muda.[14] O que importa são as letras que a sucedem, pois determinarão que letra deve ser empregada.

---

[14] Numa língua como o espanhol, sim, o som muda, porque as consoantes nasais são pronunciadas, ao passo que, no português, tendemos apenas a nasalizar a vogal anterior às letras M e N em final de sílaba.

Jogo de classificação "É com M ou N?"

Nesse jogo, cada criança ou dupla terá 10 fichas no total (com letras M e N) misturadas. Durante as jogadas, ela tem de ler e analisar as palavras que correspondam a uma de suas letras. Os participantes poderão observar a forma gráfica de palavras lacunadas, verificando a letra que sucede a lacuna na palavra, o que poderá ajudar a perceber a importância da relação entre letra e posição na palavra.

Jogo "É com M ou N?" (Cartela do aluno)

Meta do jogo: Completar com a letra correta (M ou N) o maior número de palavras do jogo
Participantes: 2, 4 ou 5 jogadores
Material: 20 fichas de palavras lacunadas, 10 fichas com a letra M e 10 fichas com a letra N

Regras:
1. Distribui-se, após embaralhar, 10 fichas de letras para cada jogador/a ou dupla.
2. Decide-se quem iniciará o jogo por meio de par ou ímpar, ou através de maior pontuação obtida com um dado.
3. Dispõem-se todas as fichas de palavras no centro da mesa, voltadas para cima.
4. O/a primeiro/a jogador ou dupla escolhe uma das palavras e completa-a com as letras M ou N, disponíveis entre as que pegou.
5. Se conseguir acertar, retém a ficha de palavra e devolve a ficha da letra para o/a professor/a.
6. Se errar, devolve a palavra à mesa, e o próximo jogador continua.
7. Ganha o jogo o/a jogador/a que, ao final do jogo, tiver mais fichas de palavras.

> **Indicação das palavras do jogo "É com M ou N?"**
>
> EMPADA – CANTORA – BAMBOLÊ – BAMBU – FANTASMA – BOMBA – ELEFANTE – COMPUTADOR – PINCEL – SANFONA – UMBIGO – BANDEIRA – XAMPU – ANZOL – TAMBOR – LÂMPADA – PENTE – TAMPA – TANQUE – LARANJA

Ao final do jogo, é importante que se escrevam algumas das palavras no quadro, pedindo que os alunos apontem quais são grafadas com N e quais se escrevem com M. Depois, deve-se pedir que observem quais letras costumam aparecer depois do M. Você pode pedir que circulem as letras que sucedem o M e o N em final de sílaba e verificar o que há de comum. Desse modo, as crianças vão perceber, "não só recitando uma cantilena", que apenas usamos M sempre que as próximas letras forem P ou B.

Cabe salientar que, ao contrário do que muitos esperam, essa aprendizagem parece levar um tempo maior para se efetivar. Sabendo disso, é imprescindível que você lance atividades complementares aos jogos, para que seus alunos possam ir refletindo e sistematizando, como: a construção de listas de palavras (com palavras do jogo e com novas palavras), pesquisa em revistas e em outros suportes escritos, construção do quadro de regras, entre outras.

"Jogo da memória com M/N no final da sílaba"

O jogo requer a atenção do aluno para a localização das figuras na mesa e para a decisão sobre a letra a ser escrita. Nele, as crianças não têm nenhuma pista visual no que diz respeito à escrita das palavras. Elas terão de pensar na representação gráfica das palavras, o que traz certa dificuldade adicional. Desse modo, recomendamos que esse não seja o primeiro jogo para a reflexão sobre o emprego de M ou N no final de sílaba.

"Jogo da memória com M/N no final da sílaba" (Cartela do aluno)

Meta do jogo: Localizar o maior número de figuras com a letra indicada (M ou N) em posição final de sílaba
Participantes: 2 jogadores/as ou duplas
Material: 16 fichas de figuras, sendo 8 palavras com M em fim de sílaba e 8 com N no mesmo contexto

Regras:
1. O/a professor/a distribui as fichas pela mesa, misturando-as e organizando-as em colunas, com as figuras voltadas para baixo.
2. Os/as jogadores/as tiram par ou ímpar para decidir quem inicia a partida.
3. O/a primeiro/a estudante vira duas cartas, a fim de verificar se contêm a mesma letra ao fim de sílaba (M ou N). Se coincidirem (ambas tiverem M ou ambas tiverem N), o que "forma um par", o/a jogador/a fica com as duas fichas e busca outra carta. Se não coincidirem, passa a vez ao colega, deixando as fichas no mesmo lugar, emborcadas.
4. O colega repete o mesmo procedimento.
5. Quem pegar as 8 fichas primeiramente vence o jogo.

Indicação das figuras do "Jogo da memória com M/N no final"
ANJO – PONTE – PINTO – DENTE – LARANJA – MELANCIA – BRINCO – PANDEIRO – BOMBEIRO – POMBO – TAMBOR – BOMBOM – COMPUTADOR – AMBULÂNCIA – CACHIMBO – VAMPIRO

Ao concluir o jogo, como sempre sugerimos, pode-se pedir que as crianças escrevam algumas palavras referentes às figuras no quadro.

- **Jogos de escrita de palavras para o ensino de regularidades contextuais**

Nos jogos aqui apresentados, optamos por alfabetos móveis, para que os/as estudantes não os associem às tarefas que são realizadas no caderno. Sugerimos que, para cada jogo que tiver palavras já definidas, *a priori*, só constem no alfabeto do/a estudante as que serão utilizadas para sua escrita, de modo a tornar a localização das letras mais rápida, já que o repertório será menor.

Assim, será necessário que você, nos casos de haver palavras já definidas no jogo, verifique esse repertório de palavras e separe as letras antes de apresentá-lo e iniciar a partida com as crianças.

Jogos de escrita com o par C/QU

Jogo de escrita "Fala que eu escrevo com C ou QU"

É necessário que se acorde com os/as estudantes que os erros computados serão apenas os que se referem ao uso de C ou QU, e não os que possam aparecer em outras partes da palavra. Isso é importante para que não se distraiam dos objetivos do jogo.

Jogo "Fala que eu escrevo com C ou QU" (Cartela do aluno)

Meta do jogo: Acertar a escrita do maior número de palavras
Participantes: 2 jogadores (indivíduos ou duplas)
Material: 2 cartelas com listas de palavras, letras móveis, papel e lápis para registrar pontos

Regras:
1. Cada jogador/a recebe uma lista com 10 palavras e escolhe 6 delas para ditar para o colega. (As listas contêm palavras diferentes.)
2. Os/as oponentes combinam quem inicia a escrita no jogo.
3. O/a jogador/a que vai iniciar tem de escrever, usando as letras móveis, uma das palavras ditadas pelo colega e, em seguida, dita uma palavra para o/a colega, que tem de escrevê-la.

4. Quando os/as jogadores/as ou duplas tiverem escrito as 6 palavras, usam a ficha para fazer a correção.

5. Marca-se um ponto para cada acerto, considerando-se o uso correto de C ou QU.

6. Quem marcar mais pontos ganha o jogo.

**Indicação das palavras das listas do jogo
"Fala que eu escrevo com C ou QU"**

Lista 1: CACHORRO – QUEIJO – CORUJA – TAPIOCA – QUERIDA – ATACADO – QUILOMBO – QUIABO – CARINHO – AQUILO

Lista 2: CUIDADO – QUEIXO – CADEADO – QUIBE – ESQUILO – MÁQUINA – CADEIRA – CORAÇÃO – RAQUETE – CABANA

Ao final do jogo, é claro, a escrita correta deve ser apresentada aos alunos, seja com eles/as ditando, para que você escreva, seja com eles/as escrevendo no quadro e você promovendo a reflexão sobre as escritas.

Jogo de escrita "Pensando sobre a escrita com C ou QU"

Ao propor esse jogo, as crianças vão ter que fazer um exercício mais complexo, que é recordar palavras com as regras em questão e pensar em quais letras usar para escrevê-las.

Jogo "Pensando sobre a escrita com C ou QU" (Cartela do aluno)

Meta do jogo: Escrever corretamente o maior número de palavras
Participantes: 2 jogadores/as ou duplas
Material: 2 cartelas com indicação da atividade (conforme modelo a seguir), letras móveis, papel e lápis para registrar pontos

Palavras como CARRO, CORAÇÃO e CUIA	Palavras como QUERIDO e QUILO

Regras:

1. Os/as jogadores/as ou grupos colocam sua(s) cartela(s) sobre a mesa, e a um sinal da professora os alunos escrevem, usando letras móveis, 5 palavras com C e 5 com QU.

2. O/a jogador/a ou dupla que terminar primeiramente grita "Parou".

3. Todos/as devem parar e o/a professor/a verifica se as palavras foram escritas corretamente.

4. Quem escrever corretamente o maior número de palavras ganha o jogo.

5. Na correção será levada em conta se foi correta a escrita da sílaba com C ou QU, mesmo que haja erros em outra parte das palavras.

Mais uma vez, ao final do jogo, você pode promover a correção de forma coletiva, permitindo que eles expliquem o porquê de terem escrito daquela forma, seja ela correta, seja com desvios à regra. Se, no momento em que você propuser o jogo, existir um cartaz com as regras de uso de C/QU afixado na sala, é importante que seja retirado, para que as crianças não copiem as palavras nele contidas, fazendo desse jogo um momento de real reflexão sobre a escrita.

Jogos de escrita com o par G/GU

Jogo de escrita "Escrevendo legal com G/GU"

Como esse jogo envolve figuras, é importante apresentá-las aos/às estudantes, nomeando-as para que não façam a notação de outra palavra e se fuja da intenção do jogo, que é promover a reflexão sobre o emprego do G/GU.

Jogo "Escrevendo legal com G/GU" (Cartela do aluno)

Meta do jogo: Vence o jogo quem escrever mais rapidamente as palavras, de forma correta

Participantes: De 2 a 4 participantes (indivíduos ou duplas)

Material: 4 cartelas (cada uma com 6 figuras, sendo 3 escritas com G e 3 com GU) e 4 alfabetos móveis

Regras:
1. Cada jogador/a ou dupla recebe uma cartela e um alfabeto móvel.
2. A um sinal do/a professor/a, os/as jogadores/as iniciam a escrita das palavras que aparecem em sua cartela.
3. Quem terminar de escrever grita a palavra "Parou", e o/a professor/a para o jogo e corrige as palavras. Nesse momento, ninguém mais pode continuar escrevendo.
4. Quem tiver escrito a maior quantidade de palavras corretamente vence o jogo.

Indicação das figuras do jogo "Escrevendo legal com G/GU"

FIGURAS DAS CARTELAS

Cartela 1: GOLA – GAIOLA – GUITARRA – GUIRLANDA – FORMIGA – ÁGUIA

Cartela 2: GADO – FOGUETE – FORMIGUEIRO – PAPAGAIO – JEGUE – GAVETA

Cartela 3: FOGUEIRA – GALINHA – MANGUEIRA – ÁGUIA – GOIABA – GATO

Cartela 4: LAGO – PREGUIÇA – JEGUE – GALETO – CARANGUEJO – GARRAFA

Ao final do jogo, é importante propor a correção coletiva e a reflexão sobre a escrita das palavras. Ter vivenciado os jogos de classificação anteriormente vai permitir que os/as estudantes tenham uma maior autonomia na escrita das palavras, podendo avançar na consolidação das regularidades em questão.

Jogo de escrita "Pensando sobre a escrita com G/GU"

Esse jogo é o mesmo anteriormente utilizado com C/QU e também tem um alto grau de complexidade, sendo indicado após o uso dos outros três jogos (dois de classificação e o de escrita anterior).

Jogo "Pensando sobre a escrita com G/GU" (Cartela do aluno)

Meta do jogo: Escrever corretamente o maior número de palavras
Participantes: 2 jogadores/as ou duplas
Material: 2 cartelas (cada cartela contêm um quadro com duas colunas para a escrita de palavras) e 2 alfabetos móveis

Regras:
1. Com as cartelas da tarefa e as letras móveis, os/as jogadores/as devem, a um sinal da professora, montar 5 palavras com G ou GU.
2. Quando ambos terminarem, a professora faz a correção, e quem tiver acertado mais palavras, vence o jogo.

As recomendações para esse jogo são as mesmas para o "Pensando sobre a escrita com C ou QU", já apresentadas nas páginas 100 e 101.

Jogos de escrita com o par R/RR

Jogo de escrita "Cruzadinha do R e RR"

Nesse jogo, há poucas palavras. Por isso, você pode realizar perguntas, ao final de cada jogada das crianças, do tipo: "Por que você acha que "carroça" tem 2 Rs?". Se elas tiverem feito a escolha errada, também questione. Essas reflexões vão auxiliá-las a compreender o princípio gerativo por trás da regra.

Jogo "Cruzadinha do R e RR" (Cartela do aluno)

Meta do jogo: Escrever corretamente o maior número de palavras do jogo
Participantes: 2 jogadores/as ou duplas
Material: Cartela com a cruzadinha, fichas com letras do alfabeto (entre elas as opções R e RR), fichas com duas cores diferentes, sendo metade de cada cor para marcação da pontuação

Regras:
1. Tira-se par ou ímpar para determinar quem inicia o jogo.
2. O/a professora/a determina a cor das fichas que dará a cada jogador/a ou dupla ao acertar a escrita.
3. O/a primeiro/a jogador/a escolhe uma das figuras da cartela e monta seu nome usando as fichas de letras.
4. Se acertar a palavra, recebe do/a professor/a uma ficha colorida e pode escolher outra palavra para montar. Para cada palavra certa, ganha uma ficha. Se errar, passa a vez.
5. O/a outro/a jogador/a repete o mesmo procedimento.
6. Acaba o jogo quando a cruzadinha estiver completa, e ganha quem tiver formado corretamente mais palavras (e ficar com mais fichas coloridas).

Indicação das figuras do jogo "Cruzadinha do R e RR"

SERROTE – CARROÇA – BORRACHA – CORAÇÃO – CARECA – BARATA – TIGRE – TRATOR – CARTA

Conforme foi recomendado no início da seção de jogos de escrita, seria melhor deixar à disposição dos estudantes apenas as letras móveis que, de fato, serão usadas para escrever as palavras do jogo.

A cruzadinha, assim como os demais jogos, encontra-se no Apêndice B.

Jogo de escrita "É com R ou RR?"

Esse jogo, por solicitar que as crianças recorram à memória para lembrar de certas palavras, pode causar uma maior dificuldade. Desse modo, recomendamos que seja jogado após as crianças terem outras vivências (com jogos de classificação ou outras atividades sobre as regras em foco).

Jogo "É com R ou RR?" (Cartela do aluno)

Meta do jogo: Escrever corretamente 8 palavras primeiro que seu/sua oponente
Participantes: 2 jogadores/as ou duplas
Material: 2 cartelas e letras móveis

Regras:
1. Os/as jogadores/as recebem caixas com letras móveis.
2. A um sinal do/a professor/a, devem montar com as letras móveis, sobre suas mesas, 4 palavras com R e 4 com RR.
3. Quem terminar primeiramente a escrita correta das palavras ganha o jogo.

Ao final do jogo, pode-se fazer a correção coletiva, e você pode ir problematizando as escritas apresentadas por eles/as. Pode também solicitar que ampliem a lista de palavras com o R em diferentes contextos.

Jogos de escrita com M e N em fim de sílaba

Jogo de escrita "Ponto a ponto com M/N no final"

Nesse jogo, como há figuras, é preciso fazer um acordo com os/as estudantes quanto ao nome de cada uma delas.

Como as crianças terão em mãos fichas com figuras, precisam pensar apenas na escrita das palavras. Se já tiverem passado por outros jogos ou atividades anteriormente, não terão grande dificuldade. Como as fichas têm imagens com estruturas silábicas diferentes, você pode escolher as figuras que considere mais indicadas para cada estudante, levando em conta as suas dificuldades e, sobretudo, suas necessidades com relação à escrita.

Jogo "Ponto a ponto com M/N no final de sílaba" (Cartela do aluno)

Meta do jogo: Escrever o maior número de palavras do jogo
Participantes: 2 jogadores/as ou duplas
Material: 20 cartelas com figuras, fichas de letras necessárias para a escrita (montagem) do nome de todas as figuras

Regras:
1. Decide-se quem iniciará o jogo através de par ou ímpar.
2. As fichas devem ser dispostas na mesa, voltadas para baixo.
3. O/a primeiro/a jogador/a ou dupla pega uma figura e escreve seu nome usando as letras móveis que estão sobre a mesa.
4. Se escrever corretamente, o/a professora/a registrará um ponto para a equipe.
5. Se errar, a próxima pessoa ou dupla deverá escrever o nome dessa figura. Caso acerte, pode continuar e pegar mais uma ficha.

Indicações de figuras do jogo "Ponto a ponto com M/N no final"
EMPADA – BAMBOLÊ – BAMBU – BOMBA – COMPUTADOR – TAMBOR – TAMPA – UMBIGO – VAMPIRO – XAMPU – PINCEL – TANQUE – ANZOL – BANDEIRA – BANDEJA – SANFONA – FANTASMA – ELEFANTE – MELANCIA – ANJO

Ao final do jogo, é importante fazer a correção, levando-os a refletirem que não há mudança no som final das sílabas, e que devem estar atentos/as à posição da letra na palavra.

Jogo de escrita "Em busca de palavras com M e N no final de sílaba"

Nesse jogo, as crianças recorrem apenas às representações mentais que têm sobre a escrita das palavras para poder grafá-las. Pode ser difícil para elas, por isso, você deve estimulá-las na hora de escrever.

"Em busca de palavras com M e N no final de sílaba" (Cartela do aluno)

Meta do jogo: Escrever o maior número de palavras do jogo
Participantes: 2 jogadores/as ou duplas
Material: Cartelas para apoiar a escrita, letras móveis suficientes para os/as 2 jogadores/as ou duplas, papel e lápis para o registro dos pontos

Regras:
1. Os/as jogadores/as tiram par ou ímpar para ver quem inicia o jogo.
2. O/a primeiro/a jogador/a utiliza as letras móveis e escreve uma palavra com M ou N em fim de sílaba, em cima da cartela.
3. Ao terminar, o/a colega diz se a escrita está certa ou errada, contando com o apoio do/a professor/a. Se tiver escrito corretamente, marca um ponto. Se não tiver escrito, o ponto é do colega.
4. Em seguida é a vez do/a segundo/a jogador/a.
5. Quem completar 5 pontos primeiramente ganha o jogo.

Ao final do jogo, uma boa estratégia é pedir que venham registrar suas palavras no quadro, para que possam pensar sobre as escritas corretas.

E antes de concluir o capítulo, temos um convite.

Vamos criar jogos para ensinar os empregos de E/I e O/U no final das palavras?

Os jogos aqui apresentados dão conta de auxiliar na reflexão de apenas algumas regras de contexto. Sempre que seus alunos tenham dificuldades em outros contextos de correspondência fonográfica, sugerimos a criação de novos jogos, que considerem essas dificuldades específicas.

Falamos, no capítulo 1, que daríamos sugestões de jogos para o contexto de E e I ou O e U no final das palavras. Essa dificuldade ortográfica relaciona-se com a tonicidade da palavra. Estando os sons /i/ ou /u/ localizados em uma sílaba mais forte da palavra, dizemos que estão numa posição tônica e serão sempre escritos com as letras I e U. É o caso do I final em "caqui" e do U final em "urubu". O mesmo ocorre quando os sons /i/ e /u/ aparecem em sílabas tônicas não finais. Escreveremos sempre "´música" e "madura" com U, e usaremos sempre I para grafar "fígado" e "palito".

Já quando os sons de /i/ e /u/ são átonos e aparecem nos finais das palavras, serão sempre grafados com E ("gente", "parede") e com O ("povo", "sabido"). Observe, porém, que, se esses mesmos sons átonos ocorrem em outra posição da palavra, não há regras, e temos de memorizar sua escrita. A título de exemplo, observe: 1) não há regra que explique por que o som /u/ inicial das palavras "bonito" e "buraco" se escrevem com O e U, respectivamente; e 2) de modo idêntico, nenhuma regra explica por que "seguro" se escreve com E, e "cigarro" se escreve com I, se na maioria dos dialetos brasileiros a sílaba inicial dessas duas palavras é pronunciada de modo igual.

Para formular novos jogos, você precisa:
1. Pensar num repertório de palavras para trabalhar por contraste. Apresentamos, no final deste box, algumas sugestões de palavras.
2. Decidir quando vai utilizar apenas imagens, imagens e palavras lacunadas ou só palavras lacunadas.

3. Definir como as crianças irão jogar: individualmente, em duplas ou em grupos.
4. Pensar nas regras do jogo. Você pode criar um novo jogo, ou adaptar um jogo já conhecido ao objetivo que pretende alcançar.
5. Testar o jogo. É muito importante que se teste o jogo antes de apresentar às crianças, para verificar se não há algum problema que inviabilize ou dificulte muito as jogadas.

Exemplos de palavras para trabalhar com E e I em final de palavras:
E: dente, pente, azeite, carne, alface, tapete, presente, elefante, gigante, sabonete.
I: saci, caqui, abacaxi, zumbi, colibri, jabuti, gari, sucuri, quati, javali.

Exemplos de palavras para trabalhar com O e U em final de palavras:
O: amigo, tesouro, macaco, telhado, menino, bolo, tijolo, mercado, soldado, amarelo.
U: urubu, chuchu, angu, xampu, canguru, caruru, maracatu, peru, tatu, gabiru.

Agora, que tal montar seu jogo?

CAPÍTULO 7
JOGOS COM REGULARIDADES MORFOLÓGICO-GRAMATICAIS

> Este último capítulo apresenta os jogos elaborados para o ensino das regularidades morfológico-gramaticais, que são aquelas relacionadas à classe gramatical das palavras (você pode relembrar as regras voltando ao capítulo 2). Apesar de serem mais difíceis que as demais, assim como as regras contextuais, algumas se mostram com menor e outras com maior nível de complexidade. Após uma sucinta introdução dessas regularidades, vamos compreender melhor a relação entre jogos de regularidades morfológico-gramaticais e sua aprendizagem, a partir de uma breve descrição da pesquisa na qual estudamos o efeito de nossos jogos. Nessa pesquisa, estudamos um número maior de regularidades morfológico-gramaticais, mas, aqui, apresentaremos apenas os jogos elaborados para promover a reflexão ortográfica das seguintes regras: os sufixos ÊS/EZ e AL/AU, as desinências verbais AM/ÃO e ainda o par ICE/ISSE (vale salientar que ICE não é desinência verbal, mas um sufixo). Como nos capítulos anteriores, todos os jogos agora apresentados foram divididos em jogos "de classificação" e de "escrita" de palavras. Ao final, discutiremos um pouco sobre sua aplicação em sala de aula.

Breve introdução

As regras que se referem às dificuldades morfológico-gramaticais exigem dos aprendizes mais que a atenção às palavras e ao modo como são pronunciadas. É necessário que eles pensem em questões gramaticais e que atentem para os morfemas (menores unidades de sentido das palavras).

Como podemos ajudar nossos alunos a saberem quando uma palavra termina com sufixo ÊS ou EZ? Será que eles precisam refletir sobre o som desses sufixos? Não! Definitivamente, analisar os sons não vai auxiliá-los na decisão quanto a quais letras empregar, pois os dois finais de palavras são idênticos do ponto de vista sonoro. É preciso que se reflita sobre o processo de formação de palavras, conforme veremos a seguir.

E como fazer para ajudá-los a escrever uma palavra cujo som final é [isi]? Será que termina com ICE ou ISSE? Para isso, é necessário que você auxilie os/as aprendizes a perceberem qual é a função da palavra na frase.

É possível identificar a classe gramatical das palavras sem, no entanto, usar a terminologia da gramática tradicional. O uso de termos como "verbo", "adjetivo", "futuro" ou "passado" não deve constituir um pré-requisito para começar a aprender as regularidades morfológicas. As crianças são capazes de refletir sobre a categoria gramatical das palavras sem, contudo, precisar nomeá-las, isto é, não precisam dizer que "francês" é um "adjetivo pátrio" ou que "timidez" é um "substantivo derivado de um adjetivo".

Vejamos, agora, como foi a pesquisa, realizada por nós (ALMEIDA, 2018), que utilizou os jogos que serão apresentados no presente capítulo.

Revisando nossa pesquisa

A pesquisa que resultou na tese da segunda autora (ALMEIDA, 2018), novamente sob a orientação do primeiro autor deste livro, teve por *objetivos* ligados ao aprendizado de regras de tipo morfológico:

- verificar o efeito das intervenções didáticas com o uso de jogos;
- acompanhar o rendimento ortográfico dos estudantes; e

- analisar se haveria diferença entre a mediação do ensino com jogos realizada por docentes com diferentes níveis de conhecimento sobre o aprendizado da ortografia.

Os *participantes da pesquisa* foram os estudantes de duas turmas de 4º ano do ensino fundamental e as duas docentes das respectivas turmas, bem como a pesquisadora, que atuou como mediadora dos jogos em um dos grupos-classe.

Uma das turmas (A) era composta por 17 estudantes, que tinham um desempenho médio adequado para aquele ano do ensino fundamental, já que apenas um estava em hipótese silábico-alfabética; todos os outros já estavam lendo e escrevendo no nível alfabético. Já a outra turma (B) contava com 23 crianças, que estudavam num ambiente insalubre (sala pequena e pouco ventilada, que os deixava inquietos). No início do ano, 16 deles apresentavam uma hipótese alfabética, mas os outros sete ainda revelavam hipóteses oscilando entre os níveis silábico e silábico-alfabético, num quadro preocupante que encontramos em muitas redes de ensino do país.

O *diagnóstico*, que consistia na escrita de palavras (ditado com frases lacunadas), foi aplicado algumas vezes durante a pesquisa. No início houve um pré-teste. Ao final das sessões de jogos que envolviam *sufixos*, assim como antes e depois da realização dos jogos que envolviam *desinência verbal*, aplicamos um pós-teste com as mesmas frases lacunadas. E dois meses após o trabalho com todos os jogos, para ver se os efeitos da aprendizagem persistiam, aplicamos o que chamam de "pós-teste retardado".

Adotamos o seguinte *procedimento metodológico*: antes do início propriamente dito do trabalho com as crianças, realizamos uma conversa com as docentes, para perceber como elas concebiam a ortografia e como promoviam o seu ensino, e esclarecemos a proposta de nosso trabalho, além de apresentamos os jogos.

Elegemos uma das turmas para que a professora mediasse o trabalho reflexivo a partir dos jogos e ela recebeu uma formação para isso. Na outra turma, era a pesquisadora que realizava a mediação. A professora da turma ou a pesquisadora aplicavam, uma vez na semana, dois jogos relativos a determinada regra, sendo ou dois de "classificação" ou dois de "escrita". Numa primeira etapa, foram vivenciados 12 jogos voltados para sufixos de derivação e, em seguida, o teste diagnóstico foi reaplicado, considerando apenas as palavras com os sufixos que tinham sido alvo de reflexão. Numa segunda etapa, os estudantes participaram de 12 jogos relacionados às desinências verbais. Ao final, fizeram nova avaliação diagnóstica para verificar os efeitos desse segundo bloco de jogos. Dois meses após a aplicação de cada etapa de jogos, como já dito, os estudantes realizavam novo ditado para verificar se as aprendizagens se mantinham ou não (o pós-teste retardado).

Vamos analisar os *resultados* a que chegamos?

O Quadro 7.1 mostra as três situações diagnósticas dos estudantes de cada turma (D1 é o teste inicial; D2 é o teste ao final das sessões de jogos; e o D3 envolve o diagnóstico aplicado após dois meses). A turma A foi a que jogou com a mediação da professora, e a B contou com a mediação da pesquisadora.

Quadro 7.1: Desempenho ortográfico dos estudantes em relação aos sufixos derivacionais (percentual de acertos nos sufixos investigados)

Sufixo	Turma A			Turma B		
	D1	D2	D3	D1	D2	D3
ÊS	10	23	10	0	31	15
EZ	17	40	44	3	18	28
ESA	56	69	83	44	44	21
EZA	38	46	54	62	56	69
AL adjetivo	85	83	96	56	56	51
AL coletivo	58	60	69	36	49	54
AU	56	83	73	46	49	49

Fonte: Elaborado pelos autores.

Podemos observar que, no pós-teste D2, logo após a realização dos jogos, houve um aumento no percentual de acertos das duas turmas, além de grandes variações conforme a regra específica. Ao observarmos o D3, realizado dois meses depois, encontramos indícios de que a aprendizagem, em muitos casos, manteve-se ou, pelo menos, ficou maior que no D1. Na turma B, encontramos maiores dificuldades por parte dos aprendizes, apesar de a mediação ter sido feita pela pesquisadora, o que sinaliza que não é apenas o conhecimento do professor sobre ortografia que garante o sucesso nas aprendizagens. Fatores como indisciplina e condições físicas inadequadas na sala de aula (acústica ruim, falta de ventilação, pouco espaço) também trazem impactos para o processo de ensino e aprendizagem. E, relembremos, alguns alunos, naquele grupo-classe, ainda não tinham consolidado uma hipótese alfabética de escrita.

Quadro 7.2: Desempenho ortográfico dos estudantes em relação às desinências verbais (percentual de acertos em um sufixo e nas desinências investigadas)

Sufixo ou desinência	Turma A			Turma B		
	D1	D2	D3	D1	D2	D3
ICE	12,7	**41**	46	18,3	**20**	24,3
ISSE	10,3	**13,7**	18	6	**15**	18,3
AM	25,7	**56,3**	36	45,3	39,3	27,3
ÃO	54	**74,3**	84,7	18,3	**60,7**	48,3
A	100	95	92,3	100	88	88
AR	28,3	**51,3**	46	39,3	**42,3**	42,3

Já em relação às desinências verbais, podemos notar que, em alguns casos, como nos pares A/AR e AM/ÃO, houve diminuição de acertos em uma das desinências e aumento na outra.

Os percentuais de acerto na escrita dos morfemas, em sua maior parte, revelam indícios de que o ensino com o uso de jogos favoreceu as aprendizagens sobre várias das regras ortográficas em foco. No entanto, mais uma vez foi constatado que algumas regras são mais complexas que outras, e que outros fatores – como as condições estruturais da escola e os conhecimentos prévios elaborados – também influem fortemente sobre o desempenho dos estudantes.

Dito isso, passemos à apresentação de alguns dos jogos que criamos.

Os jogos que propomos para o ensino das regularidades morfológico-gramaticais: descrição e procedimentos ao jogar

Nossos jogos foram propostos para ajudar na reflexão sobre a escrita a partir do contraste de sufixos ou terminações verbais que tenham o mesmo som final (homófonos) ou nos quais os sons finais sejam fonte de dificuldades para nossos alunos. Elegemos aqui os pares de morfemas ÊS/EZ; AL/AU; ICE/ISSE e ÃO/AM.

Os jogos podem ser realizados entre duplas ou trios de alunos, ou mesmo por dois grandes grupos da mesma sala, pois foram pensados para auxiliar o/a professor/a na exploração dessas dificuldades ortográficas, servindo tanto para introduzir as regras como para consolidá-las.

Na seção "Jogos de classificação de palavras para o ensino de regularidades morfológico-gramaticais", veremos os jogos de classificação propostos para cada regra e, na seção "Jogos de escrita de palavras para o ensino de regularidades morfológico-gramaticais", encontraremos os jogos de escrita.

Lembramos que todos os jogos (com suas figuras e fichas de palavras ou frases) encontram-se nos Apêndices, ao final do livro.

- Jogos de classificação de palavras para o ensino de regularidades morfológico-gramaticais

Jogos de classificação com o par ÊS/EZ

Conforme dissemos anteriormente, atentar para o som final de palavras como "inglês" e "sensatez" não vai ajudar as crianças a escolherem o final correto ao escrever. Para que elas possam saber quando usar ÊS e EZ, precisam classificar essas palavras (mesmo sem usar a nomenclatura da gramática tradicional).

Precisam compreender que palavras como "inglês", "francês" ou "tailandês" referem-se a alguém ou algo que vem de determinado país ou região (gramaticalmente podemos falar em adjetivos pátrios), já palavras como "sensatez", "timidez" ou "aridez" são palavras derivadas de outras palavras que caracterizam uma pessoa ou algo ("sensatez" é um substantivo derivado do adjetivo "sensato", "timidez" é derivado de "tímido/a" e "aridez" vem do adjetivo "árido"). A princípio, isso pode não ser tão claro para nossos alunos, mas, após uma primeira jogada, eles começam a notar a lógica por trás desse tipo de regularidade.

Vale salientar que uma das fontes de dificuldades dos alunos é o registro do acento circunflexo. Muitas vezes eles conseguem diferenciar quando é um adjetivo pátrio e quando é um substantivo, no entanto o erro na escrita pode ser o esquecimento desse acento, desconsiderando que os sons de ES e ÊS, no final das palavras, são diferentes.

Jogo de classificação "Adivinha como é... Com EZ ou ÊS?"

Em vez de palavras isoladas, agora as crianças refletem sobre palavras no interior de frases. Antes de iniciar o jogo, o/a professor/a deve dividir o quadro branco (ou cartaz) em duas colunas e escrever de um lado o sufixo ÊS e a palavra "CHINÊS", e do outro lado o sufixo EZ e a palavra "RAPIDEZ". Também é importante que leia as frases em voz alta, pois pode haver palavras que não façam parte do vocabulário cotidiano das crianças.

Devemos considerar o fato de que pode haver, na turma, crianças que ainda não leem com a autonomia necessária para a compreensão da frase cuja palavra terá de classificar. Se isso acontecer, você pode ler para a criança ou grupo, pois a intenção inicial é refletir sobre a escrita das palavras em foco.

Quando esse jogo é trazido para introduzir a reflexão sobre as regras relativas ao ÊS/EZ, os alunos vão errar na classificação dessas palavras, e você não precisa fazer nenhuma intervenção ainda: indique apenas se fizeram ponto ou não.

Já após o final do jogo, é importante que você possa escrever, em uma coluna, palavras como "holandês", "tailandês" e "francês" e perguntar aos alunos o que elas têm em comum. E, em outra coluna, você pode escrever "timidez", "rapidez" e "gravidez", perguntando em que elas se assemelham.

Caso tenham dificuldades, você pode direcionar perguntas, tais como: "'Holandês' vem de que palavra? E 'francês'?"; "Holanda e França são o quê?". Nossos/as estudantes, rapidamente, vão relacionar a lugar, país. Pode também questionar "'Timidez' vem de que palavra? E 'rapidez'?", direcionando as perguntas até que concluam que vêm de palavras que não indicam origem. Essa reflexão é o suficiente para que comecem a atentar para essas regularidades.

Jogo "Adivinha como é... Com EZ ou ÊS?" (Cartela do aluno)

Meta do jogo: Acertar o maior número de palavras do jogo
Participantes: 2 duplas ou grupos de jogadores/as
Material: 20 fichas de frases com uma lacuna que equivale a uma palavra, marcador para quadro branco para registrar os pontos, fita adesiva

Regras:
1. Decide-se quem iniciará o jogo através de par ou ímpar.
2. Distribuem-se as fichas de frases sobre as mesas, voltadas para cima.
3. O primeiro grupo vai até a mesa, escolhe uma frase e a lê em voz alta para a turma ouvir.
4. Em seguida deve colar a frase no quadro, na coluna em que está a terminação da palavra que completa sua frase.
5. Se acertar, o professor registra um ponto para a equipe, se errar, a frase volta para a mesa.
6. Ganha a equipe que tiver mais acertos.
7. Em caso de empate, lança-se um dado, e quem tiver mais pontos vence o jogo.

Indicações das frases do jogo "Adivinha como é... Com EZ ou ÊS?"

Meu primo nasceu na Noruega. Ele é <u>norueguês</u>.
Visitei a Holanda e adorei o povo <u>holandês</u>.
O médico que veio da Dinamarca é <u>dinamarquês</u>.
Na Inglaterra, as pessoas falam <u>inglês</u>.
A mulher só usa perfume da França. Seu perfume é <u>francês</u>.
Meu avô nasceu na Finlândia, ele é <u>finlandês</u>.
Um celular feito no Japão é um celular <u>japonês</u>.
Fui visitar a Tailândia e gostei do povo <u>tailandês</u>.
Meu primo nasceu na Escócia, então, ele é <u>escocês</u>.
Quem nasce na Irlanda é <u>irlandês</u>.
Aquele menino é mudo. Ele tem <u>mudez</u>.
Que lençol macio! Adoro essa <u>maciez</u>.
João é estúpido. Só fala com <u>estupidez</u>.
Chupei uma laranja bem ácida. Estava com muita <u>acidez</u>.
Quando a pele é flácida, dizemos que tem <u>flacidez</u>.
Que menino pálido! Assustei-me com sua <u>palidez</u>.
Minha amiga está tímida. Já disse que deixe de <u>timidez</u>.
Francisco é sensato. Tem muita <u>sensatez</u>.
Lúcia está grávida e o marido está feliz com sua <u>gravidez</u>.
Felipe está embriagado. Que estado de <u>embriaguez</u>!

Jogo de classificação "Como eu escrevo? Com EZ ou ÊS?"

Antes de iniciar esse jogo, é importante que seja feita a leitura das palavras e que se diga aos alunos que eles têm de pensar em uma palavra que se origina da que aparece em suas fichas e que termina com o som /es/. Algumas palavras são pouco usuais, e você pode esclarecer o sentido delas. Outra sugestão é que você oriente os/as estudantes a pesquisarem o significado das palavras no dicionário. Para facilitar, você pode, de início, realizar uma jogada coletiva, com duas palavras de cada grupo, por exemplo, "estúpido", "tímido", "Inglaterra", "Portugal", para que eles possam responder "estupidez", "timidez", "inglês" e "português".

Se você tiver aplicado o jogo "Adivinha como é..." ou realizado outras atividades anteriores para introduzir as reflexões sobre essa regra, você poderá, durante as jogadas, fazer perguntas como: "Tem certeza de que 'solidez' termina com EZ? Por quê?" ou "Você acha que 'sudanês' termina com EZ? Por quê?". Conforme afirmamos anteriormente, temos de semear dúvidas tanto das escritas corretas quanto das incorretas (MORAIS, 1998) e permitir que eles verbalizem o que pensam sobre a ortografia.

Se as crianças classificarem errado, não tire as palavras do quadro. Espere o jogo acabar para promover mais uma rodada de reflexão sobre a escrita.

Chamamos a atenção, no entanto, para que não perguntemos a cada palavra do jogo, para não tirar o caráter de ludicidade, evitando torná-lo uma atividade maçante.

Jogo "Como eu escrevo? Com EZ ou ÊS?" (Cartela do aluno)

Meta do jogo: Acertar o maior número de palavras do jogo
Participantes: Até 4 grupos de jogadores
Material: 24 fichas de palavras com nomes de lugares ou de qualidades (adjetivos), fita adesiva e marcador para quadro branco para marcar a pontuação

Regras:
1. As fichas de palavras devem estar emborcadas sobre a mesa, uma ao lado da outra.
2. O quadro branco ou de giz deve estar dividido em duas colunas, uma com o sufixo ÊS e a outra com o sufixo EZ, para que as fichas sejam colocadas no final correspondente à escrita da palavra derivada.
3. Decide-se qual dos grupos inicia o jogo.

> 4. O primeiro grupo escolhe e retira uma das fichas. Vai até o quadro cola a ficha com a palavra no quadro, na coluna que considerar pertinente.
> 5. Se acertar, o/a professor/a marca o ponto para a equipe. Se errar, não marca ponto.
> 6. O jogo continua até que todas as palavras tenham sido classificadas.

Vejamos a cartela do jogo.

> **Indicações de palavras do jogo
> "Como eu escrevo? Com EZ ou ÊS?"**
>
> **Palavras classificadas com o final EZ:** ROBUSTO – FLUIDO – VIÚVA – ESCASSO – LÚCIDO – ESBELTO – RÁPIDO – PÁLIDO – ÁCIDO – SÓLIDO – MACIO – MESQUINHO
>
> **Palavras classificadas com o final ÊS:** BOLONHA – POLÔNIA – JAVA – PEQUIM – BARCELONA – PAQUISTÃO – ALBÂNIA – JAPÃO – GÊNOVA – LÍBANO – MILÃO – CHINA

Jogos de classificação com o par AL/AU

Apesar de AU não ser um sufixo, diferentemente de AL, resolvemos usá-lo para fazer contraste, já que o som final é o mesmo.

Para que as crianças compreendam o emprego de cada um deles, é preciso que reflitam que palavras que indicam substantivos coletivos ("bananal", "cafezal", "canavial") terminam com AL, assim como os adjetivos derivados de substantivos ("abdominal", "pessoal").[15] Então, os jogos a seguir vão possibilitar que elas pensem sobre essas escritas.

---

[15] Curiosamente, o único adjetivo terminado com o som /aw/ que se grafa com U é "mau", contrário de "bom".

Jogo de classificação "Memória com AL/AU"

Esse jogo pode ser utilizado para introduzir um momento de reflexão sobre a escrita. A princípio, as crianças terão certa dificuldade em identificar as imagens, então torna-se necessário que você se aproxime delas e nomeie cada imagem do jogo.

Jogo "Memória com AL/AU" (Cartela do aluno)

Meta do jogo: Encontrar o maior número de pares palavra/figura
Participantes: De 2 a 4 pessoas
Material: 12 fichas com figuras e 12 fichas com palavras

Regras:
1. As fichas de palavras devem ser emborcadas do lado esquerdo da mesa, e as das figuras, do lado direito, mantendo espaço entre os dois tipos de ficha.
2. Os alunos, num sentido horário, devem desemborcar duas cartas, sendo uma de palavras e uma de figuras. Cada vez que formarem o par, têm direito a tirar mais um par de fichas.
3. Se não tirarem o par, devolvem as palavras, colocando-as na posição em que estavam.
4. Quem tiver mais pares de palavras ganha o jogo.

Indicações de palavras e figuras do jogo "Memória com AL/AU"

Figuras: BACALHAU – BERIMBAU – CACAU – PAU – MANGUEIRAS – BANANEIRAS – ROSEIRAS – CASTANHEIRAS – FLORESTA – ABDOME – MÚSICA – DENTE

Palavras: BACALHAU – BERIMBAU – CACAU – PAU – MANGUEIRAL – BANANAL – ROSEIRAL – CASTANHAL – FLORESTAL – ABDOMINAL – MUSICAL – DENTAL

Após o término do jogo, é preciso que você peça aos alunos que separem três grupos de palavras: 1) as palavras terminadas em AU; 2) as que terminam em AL e que se referem a coletivos (pode-se também falar em palavras que indicam "agrupamentos", "grupos da mesma coisa"); e 3) as que têm AL e que são adjetivos derivados de substantivos (como no caso de "abdominal", que vem da palavra "abdome").

Depois de terem separado esses grupos, você pode fazer perguntas do seguinte tipo: "O que 'bananal' e 'roseiral' têm em comum?" (a ideia é que os/as estudantes possam responder que "bananal" e "roseiral" têm muitos pés – bananeiras e roseiras – ou que têm um conjunto, um grupo de plantas – isso significa associar as palavras ao seu coletivo); "A palavra 'dental' vem de alguma outra palavra? Qual?" (esse tipo de pergunta vai fazê-los/as perceber que deriva de "dente", trazendo a noção de derivação); "Palavras como 'cacau' e 'pau' dão ideia de um grupo de coisas"? "E vêm de outra palavra?" (essas perguntas farão com que reflitam que são palavras primitivas, ou seja, que não são formadas a partir de outra palavra já existente na língua).

É importante que eles possam visualizar a escrita dessas palavras, então, você pode ir refletindo com eles e registrando-as no quadro ou em um cartaz.

Jogo "Essa é minha... Com AL ou AU?"

Indicamos que as reflexões sobre a escrita de palavras terminadas com AL e AU possam começar a partir do jogo anterior, pois ele tem imagens e um número menor de palavras, possibilitando ao/à estudante focar na escrita das palavras.

Antes de começar o jogo, que tem um componente de sorte (a quantidade de palavras que o dado indica para os jogadores pegarem), é preciso que seja feita a leitura de todas as 24 palavras que estarão lacunadas e que se esclareça o significado das que forem desconhecidas.

De vez em quando é bom questionar o grupo: "Você tem certeza de que essa palavra termina assim?". Ao final, escreva algumas palavras no quadro questionando por que terminavam com AU ou AL.

Jogo "Essa é minha... Com AL ou AU?" (Cartela do aluno)

Meta do jogo: Encontrar o maior número de palavras
Participantes: Até 4 grupos de jogadores/as
Material: Dados numerados de 1 a 3 e 24 fichas com palavras lacunadas

Regras:
1. É decidida a ordem de início do jogo. As fichas são colocadas na mesa com a face voltada para cima, de forma que se possa ver o que está escrito nelas.
2. Os/as jogadores/as lançam os dados. A quantidade de pontos indica quantas palavras eles/as podem pegar em cada rodada.
3. Seguindo a ordem do jogo, os/as jogadores/as pegam a quantidade de palavras indicada, dizendo se terminam com AL ou AU.
4. A cada palavra acertada, mantêm a ficha em seu poder. Se errarem, devolvem a ficha à mesa.
5. O jogo termina quando acabam as palavras da mesa.
6. Ganha quem tiver mais fichas de palavras.

Indicações das palavras do jogo "Essa é minha... Com AL ou AU?"

Palavras primitivas: GALALAU – MINGAU – CURAU – BACALHAU – DEGRAU – CACAU – PAU – COLORAU

Palavras derivadas de substantivos: ABDOMINAL – AMBIENTAL – FACIAL – DENTAL – GENIAL – ESPACIAL – ACIDENTAL – MEDICINAL

Palavras que indicam coleções de plantas da mesma espécie: COQUEIRAL – JABOTICABAL – CANAVIAL – CAFEZAL – BAMBUZAL – LARANJAL – PINHEIRAL – BANANAL

Jogos de classificação com o par ICE/ISSE

Ao desenvolvermos esses jogos, mais uma vez, mobilizamo-nos para fazer com que as crianças tenham de refletir sobre o mesmo som /isi/, mas que pode ser representado tanto por ICE (substantivo derivado de adjetivo), como por ISSE (flexão verbal do pretérito imperfeito do subjuntivo, que indica uma possibilidade de algo acontecer ou não).

Quando as crianças são solicitadas a escrever palavras terminadas em /isi/, é comum que vejamos a maioria escrever o final ISE, não importando se escreve um substantivo como "chatice" ou a flexão de um verbo como "partisse". Além de mostrar não fazer distinção entre as duas classes de palavras, esse erro indica também um desconhecimento sobre a regra de leitura "S entre vogais tem som de Z". Não podemos deixar que elas tenham de descobrir, por si próprias, as diferenças no uso dessas terminações. E, por isso, entendemos que é adequado propormos atividades que as façam refletir sobre seus usos. Consideramos importante que as terminações lhes sejam apresentadas tanto a partir de palavras como de frases. O trabalho com frases parece facilitar a reflexão sobre quando a palavra se refere a uma ação e quando não o é. Vamos conhecer os jogos?

Jogo "Como eu escrevo? Com ICE ou ISSE?"

Indicamos que esse jogo seja usado para introduzir o par de regras. É importante anunciar para as crianças que as palavras que serão trabalhadas, formadas a partir das que aparecem nas fichas, terminam com o mesmo som /isi/, mas são escritas com finais diferentes. Como as palavras que serão fruto de reflexão são derivadas das palavras que constam nas fichas, é recomendado que se peça às crianças que digam em voz alta a palavra que deve ser formada com o final /isi/. Você pode pegar duas palavras para exemplificar, de modo que, ao pegar a palavra "gaiato", elas falem "gaiatice", e, ao pegar a ficha com "dormir", digam "dormisse".

A leitura das palavras das fichas no início do jogo e o esclarecimento quanto ao significado, quando necessário, continuam sendo algo importante.

No primeiro jogo com o par de morfemas ICE/ISSE, o número de erros de classificação das palavras será significativo (caso não tenham trabalhado a regra anteriormente), mas, após a primeira partida, tudo vai sendo esclarecido com o conduzir da atividade.

Após o jogo, é preciso que seja feito um trabalho de reflexão sobre as palavras que nele surgiram e sobre outras que as crianças possam apresentar.

Depois de aplicar esses jogos, nós, no momento da pesquisa, dividimos o quadro em duas partes e escrevemos nele três palavras que remeteriam a cada um dos morfemas (ICE e ISSE). Usamos, por exemplo, as palavras "menino", "gaiato" e "careta" (para tratar do final ICE) e "dormir", "sair" e "ouvir" (para provocar reflexão sobre ISSE) e perguntamos o que cada grupo tinha em comum, de modo que pudessem identificar que um indica características ou "modos de ser ou se comportar" (adjetivos) e o outro indica ação (verbos). É bom lembrar que as crianças não precisam, necessariamente, nomear a categoria gramatical.

Após isso, perguntamos como poderiam escrever "meninice", "gaiatice" e "caretice" e também "dormisse", "saísse" e "ouvisse". Em seguida, íamos registrando as respostas corretas no quadro e circulando suas terminações, para que percebessem a relação entre o tipo de palavra e seu final.

Jogo "Como eu escrevo? Com ICE ou ISSE?" (Cartela do aluno)

Meta do jogo: Acertar a terminação do maior número de palavras
Participantes: Até 3 grupos de jogadores
Material: 18 fichas de palavras, dados, marcador para quadro branco, fita adesiva

Regras:
1. As fichas de palavras devem estar com a face voltada para baixo sobre a mesa, uma ao lado da outra.
2. No quadro, devem estar traçadas duas colunas. Em uma estará escrito ICE, e, na outra, ISSE.

3. Lançam-se os dados ou joga-se par ou ímpar para decidir qual dos grupos inicia o jogo.

4. O primeiro grupo pega uma das fichas que está emborcada. Diz para todos qual vai ser a palavra criada a partir da que foi retirada e vai até o quadro para colar a ficha com a palavra no quadro, na coluna que considerar correta.

5. Se acertar, o/a professor/a marca o ponto para a equipe.

6. O jogo continua até que todas as palavras tenham sido classificadas.

7. Ganha o grupo que tiver acertado a classificação do maior número de palavras.

Indicação de palavras do jogo "Como eu escrevo? Com ICE ou ISSE?"

Final ICE: GAIATO – TOLO – MENINO – TAGARELA – ESQUISITO – GULOSO – MEIGO – CHATO – VELHO

Final ISSE: DORMIR – SAIR – CONSEGUIR – PARTIR – OUVIR – DIRIGIR – ENCARDIR – ENCOBRIR – EXPLODIR

Jogo de classificação "Adivinha como é... Com ICE ou ISSE?"

Esse jogo vai permitir que pensem sobre a escrita das palavras e as classifiquem a partir do contexto das frases. Conforme recomendação que temos apresentado ao longo de todo o livro, é importante que você leia as frases para as crianças antes de iniciar o jogo, tirando dúvidas que elas possam ter a respeito das palavras. Elas receberão frases lacunadas para que pensem qual será a terminação adequada: ICE ou ISSE.

Durante o jogo é importante que você, de vez em quando, questione os alunos quanto à pertinência de sua escolha, com perguntas do tipo: "Tem certeza de que 'tolice' termina com ICE? Por quê?", "'Dividisse' termina com ICE? Por que não?" etc.

Vale a pena lembrar que as perguntas não precisam ser feitas ao final da classificação de cada palavra, para que a tarefa não fique desestimulante. Você pode eleger algumas frases ou provocar alguns alunos específicos para que justifiquem a escrita das palavras.

Jogo "Adivinha como é... Com ICE ou ISSE?" (Cartela do aluno)

Meta do jogo: Acertar o maior número de palavras
Participantes: Duas duplas ou 2 grupos de jogadores/as
Material: 16 fichas de frases com palavras contendo lacunas

Regras:
1. O/a professor/a divide o quadro ao meio e escreve, de um lado, o sufixo ICE, e, do outro, o sufixo ISSE.
2. Distribui as fichas sobre as mesas, voltadas para a cima.
3. Através de par ou ímpar, os grupos decidem quem inicia o jogo.
4. O/a professor/a solicita que um grupo de cada vez vá até a mesa, escolha uma frase e leia em voz alta para a turma ouvir.
5. Em seguida, o grupo deve colar a frase no quadro, no local onde está a terminação da palavra que completa sua frase.
6. Se acertar, o/a professor/a registra um ponto para a equipe e, em seguida, convida a outra equipe para escolher a frase.
7. Se errar, a frase é descartada.
8. Ganha a equipe que tiver mais acertos.
9. Em caso de empate, lança-se um dado e quem tiver mais pontos, vence o jogo.

**Indicação de frases do jogo
"Adivinha como é... Com ICE ou ISSE?"**

Amanda é cheia de tol<u>ice</u>.
Não aguento a chat<u>ice</u> do meu irmão.

Minha priminha é cheia de meigu<u>ice</u>.
Vovô convive bem com sua velh<u>ice</u>.
Pedro fala muito. Que tagarel<u>ice</u>!
Marcos come com gulod<u>ice</u>.
Antônio é cheio de esquisit<u>ice</u>.
Apesar de adulto, Luan se comporta com menin<u>ice</u>!
Pedi que Andreia divid<u>isse</u> o lanche comigo.
Fiquei com medo que meu cachorrinho fug<u>isse</u> de casa.
Não pensei que meu tio dirig<u>isse</u> tão bem.
Queria que você v<u>isse</u> minhas fotos.
Se ela ouv<u>isse</u> os conselhos de sua mãe, não teria ficado de castigo.
Queria que ela sa<u>ísse</u> da minha frente!
Mamãe mandou que eu dorm<u>isse</u> cedo.
Estou com raiva de Thiago. Queria que ele sum<u>isse</u> de minha frente.

Jogos de classificação com o par AM/ÃO

Diferentemente do par ICE/ISSE, que tem o mesmo som, AM e ÃO têm uma pequena distinção. No entanto, as crianças encontram muita dificuldade em perceber essa diferença sonora, que implica também a diferença entre tempos verbais. Por um lado, essa dificuldade tem a ver com o dado de que a flexão verbal ÃO é utilizada apenas para a 3ª pessoa do plural do futuro do presente do modo indicativo, enquanto AM é utilizado na 3ª pessoa do plural de todos os outros tempos verbais que terminam com o som /ãw/. Por outro lado, como os principiantes tendem a grafar as palavras pensando sílaba a sílaba, quando chega o momento, por exemplo, de decidir como escrever o final de "chegaram" e "cantam", tendem a pronunciar aquelas sílabas finais como monossílabos tônicos, isto é, /rãw/ e /tãw/. E isso leva várias delas a colocar a grafia ÃO.

No dia a dia da sala de aula, notamos, ainda, que certas crianças optam por apenas um desses tipos de desinência verbal, usando-o em qualquer situação. Um ensino que as faça perceber que indicam tempos verbais diferentes vai ajudá-las a superar essa dificuldade.

Os jogos apresentados a seguir vão requerer que as crianças pensem se um fato "já aconteceu" (por exemplo, "cantaram"), se "acontece no dia a dia" ("cantam") ou "se ainda vai acontecer" ("cantarão"). Para isso, não tem de usar, necessariamente, os termos *presente*, *pretérito* ou *futuro do presente* em suas reflexões. Isso não indica, no entanto, que você, caso veja a necessidade dessas nomenclaturas, não possa apresentá-las aos estudantes.

Jogo de classificação "Aconteceu ou vai acontecer? Com AM ou ÃO?"

Antes de iniciar o jogo, você precisa apresentar o dado às crianças, bem como mostrar a elas as figuras, para que possam reconhecer a ação na hora de classificar as palavras.

Nesse jogo os participantes precisarão arremessar um dado no qual há as indicações "Aconteceu" em três de suas faces e "Vai acontecer" nas outras três. Eles estarão com uma carta com uma figura de um verbo no infinitivo e terão de pensar na 3ª pessoa do plural do referido verbo, obedecendo à indicação que aparecerá ao arremessar o dado (passado ou futuro).

Como um jogo de introdução à regra (é lógico que você também pode usar após o trabalho com a regra), é normal que as crianças tenham dúvidas e errem bastante durante as jogadas, até que percebam a lógica por trás de seus acertos e erros. Se seus/suas estudantes pegarem, por exemplo, uma ficha com o verbo "brincar" e no dado tiver a indicação de "Vai acontecer", você poderia questionar durante as jogadas: "Por que você acha que é 'brincarão'?", "E se tivesse caído "Já aconteceu", como ficaria?".

Recomendamos, assim como nos jogos anteriores, que a pergunta não seja feita a cada jogada, mas quando você julgar pertinente, considerando os estudantes que estão na jogada e que você julga que vale a pena provocar a dar uma resposta... ou quando avaliar que as crianças demonstraram que ficaram em dúvida sobre alguma das terminações verbais.

Depois do jogo, como sempre, você pode escrever alguns dos verbos no quadro e pedir que digam como seriam ditos nos dois tempos verbais observados durante o jogo (pretérito e futuro). É importante que você mostre que, além de o tempo verbal ser diferente, o som final também o é.

**Jogo "Aconteceu ou vai acontecer?
Com AM ou ÃO?"** (Cartela do aluno)

Meta do jogo: Acertar o maior número de palavras
Participantes: 2 grupos de jogadores/as
Material: 12 envelopes (em cada envelope há uma ficha que contém uma figura e a palavra que corresponde a uma ação e 2 fichas com palavras escritas com os finais AM e ÃO) e um dado, em cujas faces há as indicações "Aconteceu" ou "Vai acontecer"

Regras:
1. O primeiro grupo escolhe um envelope e lança o dado.
2. Retira uma das fichas que contêm figura e palavra contidas no envelope.
3. O grupo vai escolher, dentre as fichas de palavra, aquela relativa à figura a partir da indicação "Aconteceu" ou "Vai acontecer" (obtida ao jogar o dado).
4. Se acertar marca um ponto e se não acertar o ponto é da equipe contrária.
5. Ganha o jogo a equipe que fizer mais pontos.

**Indicação das palavras do jogo
"Aconteceu ou vai acontecer? Com AM ou ÃO?"**

Fichas com desenhos e verbos no infinitivo: PULAR – ANDAR – FALAR – ARRUMAR – PEDALAR – PASSEAR – PINTAR – LANCHAR – APONTAR – ESTUDAR – CANTAR – VIAJAR

> **Fichas de palavras:** PULARAM – PULARÃO – ANDARAM – ANDARÃO – FALARAM – FALARÃO – ARRUMARAM – ARRUMARÃO – PEDALARAM – PEDALARÃO – PASSEARAM – PASSEARÃO – PINTARAM – PINTARÃO – LANCHARAM – LANCHARÃO – APONTARAM – APONTARÃO – ESTUDARAM – ESTUDARÃO – CANTARAM – CANTARÃO – VIAJARAM – VIAJARÃO

Jogo de classificação "Adivinha como é:...Com AM ou ÃO?"

Os/as aprendizes, nesse jogo, precisarão fazer uma reflexão no âmbito das frases. Os mesmos verbos aparecem em duas frases diferentes, e é necessário que as crianças atentem para essas frases, de modo a fazer um julgamento adequado. Temos, por exemplo, as seguintes frases: a) Meus amigos _____ no parque ontem (BRINCAR) e b) José e Teresa _____ com os primos na semana que vem (BRINCAR). Você precisa ajudá-los a perceber se a ação já aconteceu ou ainda vai acontecer. Para tanto, pode perguntar-lhes, nas primeiras jogadas, quando a ação aconteceu ou vai acontecer. Depois das primeiras rodadas, eles passam a compreender e começam a analisar por conta própria.

Ao longo do jogo, você poderá fazer-lhes outras perguntas, de modo que percebam quando utilizarão uma ou outra terminação verbal, e, ao final do jogo, é importante sistematizar, no quadro, essas reflexões e, de preferência, pedir que elaborem um quadro de regras.

> **Jogo "Adivinha como é... Com AM ou ÃO?"** (Cartela do aluno)
>
> **Meta do jogo:** Acertar o maior número de palavras do jogo
> **Participantes:** 2 duplas ou grupos de jogadores/as
> **Material:** 20 fichas de frases com palavras incompletas, marcador para quadro branco (para registrar os pontos), fita adesiva e 1 dado comum (para caso de desempate)

Regras:
1. O/a professor/a divide o quadro em duas colunas. Em uma delas deve ser escrito o final AM e, na outra, ÃO, para que as equipes colem as suas frases nas colunas que considerarem corretas.
2. Decide-se quem iniciará o jogo por meio de par ou ímpar.
3. Distribuem-se as fichas de frases sobre as mesas, voltadas para cima.
4. O primeiro grupo vai até a mesa, escolhe uma frase e a lê em voz alta para a turma ouvir.
5. Em seguida, deve colar a frase no quadro, na coluna em que está a terminação da palavra que completa sua frase.
6. Se acertar, o/a professor/a registra um ponto para a equipe; se errar, a frase volta para a mesa.
7. Ganha a equipe que tiver mais acertos. Em caso de empate, lança-se um dado, e quem tiver mais pontos vence o jogo.

Indicações das frases do jogo
"Adivinha como é... Com AM ou ÃO?"

Os alunos <u>conversaram</u> muito na aula de ontem. (CONVERSAR)
Os professores <u>conversarão</u> com os pais dos alunos na próxima reunião. (CONVERSAR)
As crianças <u>amaram</u> o filme que viram na TV. (AMAR)
Os noivos juraram que <u>amarão</u> um ao outro para sempre. (AMAR)
Meus amigos <u>brincaram</u> no parque ontem. (BRINCAR)
José e Teresa <u>brincarão</u> com os primos na semana que vem. (BRINCAR)
Ana e Laura <u>telefonaram</u> para a prima na semana passada. (TELEFONAR)
Eles não <u>telefonarão</u> para sua mãe mais tarde, porque estão sem bônus no celular. (TELEFONAR)
Eles se <u>chatearam</u> com a fofoca que Michele fez ontem. (CHATEAR)

> Se eu não avisar que vou chegar tarde amanhã, meus pais se chatearão. (CHATEAR)
> Meus amigos me convidaram para a festa de ontem. (CONVIDAR)
> Será que eles me convidarão para o churrasco no próximo domingo? (CONVIDAR)
> Os professores pensaram que Miguel não tinha estudado, mas ele estudou muito antes de vir para a escola. (PENSAR)
> Da próxima vez, os meninos pensarão duas vezes antes de desobedecer. (PENSAR)
> As crianças se assustaram com o cachorro que pulou o muro. (ASSUSTAR)
> Será que vocês se assustarão se assistirem a um filme de terror hoje à noite? (ASSUSTAR)
> Ontem, na festa, vocês dançaram muito. (DANÇAR)
> Laura e Lívia dançarão amanhã, na festa da escola. (DANÇAR)
> Ontem de noite, os homens perguntaram ao guarda onde ficava o Mercado da Boa Vista. (PERGUNTAR)
> Se eles não acharem a casa de Marcelo, perguntarão. (PERGUNTAR)

- **Jogos de escrita de palavras para o ensino de regularidades morfológico-gramaticais**

Esses jogos foram elaborados pensando na participação dos estudantes em grupos maiores, quando a turma era dividida em dois ou quatro grupos, de modo que os aprendizes, dentro do mesmo grupo, teriam de se ajudar para conseguir acertar a escrita proposta. No entanto, você pode promover a realização do jogo com outro tipo de agrupamento, decidindo, inclusive, criar um material complementar para poder compartilhar com toda a turma.

Você verá que há jogos que solicitam a escrita de determinadas palavras e outros que exigem que as crianças se lembrem de palavras, sem qualquer ajuda. Esse segundo tipo de jogo, já sabemos, provoca maior dificuldade, pois, além de ter que evocar uma palavra em seu léxico mental, o aprendiz também precisará decidir sobre sua escrita.

Há uma questão que necessita ser acordada com os estudantes. Na correção das escritas, serão considerados acertos apenas as terminações das palavras que estão sendo alvo da reflexão, pois, se fôssemos levar em conta, no mesmo momento, as análises sobre outras questões ortográficas, as crianças tenderiam a perder o foco. Então, quando você mediar as jogadas e perceber outras dificuldades ortográficas que a turma está apresentando, anote e coloque em seu planejamento para um trabalho futuro.

E, agora, chegou o momento de vermos os novos jogos de escrita.

Jogos de escrita com o par ÊS/EZ

Jogo de escrita "Acertando a escrita com ÊS/EZ"

Antes de iniciar as jogadas, é preciso ler as frases com as crianças e pensar nas questões referentes ao significado das palavras, pois isso vai ajudar a aumentar o universo vocabular dos estudantes, já que muitas palavras não fazem parte de seu falar cotidiano, como é o caso de "polonês" ou "invalidez".

Nos casos em que a criança não tiver fluência na leitura, é importante que você a ajude, pois a compreensão da frase pode auxiliá-la na identificação da grafia correta. Nos casos em que a criança não tiver autonomia para a escrita, é possível que seja ajudada pelos colegas, que podem ditar as letras para ela.

Não se esqueça de combinar com a turma que os acertos ou erros serão verificados considerando-se apenas a terminação ÊS ou EZ.

Recomenda-se que esse jogo seja vivenciado após as crianças terem jogado, pelo menos, um dos jogos de classificação, para que já tenham identificado regularidades com ÊS/EZ. É importante que, após o grupo ter feito a escrita, toda a turma julgue se essa escrita está correta ou não.

Estimule a participação de todos na explicação das regras.

Ao final do jogo, você pode retomar as palavras escritas erradamente para que reflitam quanto à sua grafia (lembre que não deve exagerar a atenção sobre outras regras nesse momento!).

Jogo "Acertando a escrita com ÊS/EZ" (Cartela do aluno)

Meta do jogo: Escrever corretamente o maior número de palavras do jogo
Participantes: 2 ou 4 grupos de jogadores
Material: 4 envelopes numerados (cada envelope com 5 frases lacunadas) e marcador para quadro branco ou giz

Regras:
1. O/a professor/a e os jogadores combinam a ordem em que os grupos vão jogar.
2. Uma criança do primeiro grupo escolhe o número do envelope em que será retirada a palavra que vai escrever.
3. A frase é lida pelo/a jogador/a, que deve registrar, no quadro, a palavra que a completa (os colegas do grupo podem ajudar tanto na leitura quanto na escrita).
4. Se escrever corretamente, o/a professor/a marcará um ponto para a equipe.
5. Caso escreva errado, a frase deverá ser retirada do envelope, não voltando mais ao jogo.
6. A seguir, um aluno da outra equipe escolhe um envelope para que seja retirada a nova frase (pode ser o mesmo do grupo anterior).
7. Continua-se do mesmo modo com as outras equipes, até que todas tenham tido a chance de escrever 6 palavras.
8. O grupo que tiver tido o maior número de acertos é o vencedor.

Indicação das frases do jogo "Acertando a escrita com ÊS/EZ"
(as palavras sublinhadas devem ser escritas pelas crianças)

ÊS	O menino que nasce na China é chinês.
	Antônio foi morar no campo. Agora ele é um camponês.
	Cristiano Ronaldo é de Portugal, logo ele é português.

ÊS	O leão das montanhas é o leão <u>montanhês</u>. Paula visitou Gênova e trouxe coisas do comércio <u>genovês</u>. André foi à Albânia e gostou do povo <u>albanês</u>. Vovô foi à Noruega e trouxe um CD de um grupo <u>norueguês</u>. Um antigo papa nasceu na Polônia. Ele era <u>polonês</u>. A Finlândia é uma região bonita! Como é legal o povo <u>finlandês</u>. Os habitantes do Japão falam o <u>japonês</u>.
EZ	Meu tio está inválido. Foi aposentado por <u>invalidez</u>. Aquele menino está nu e nem tem vergonha da sua <u>nudez</u>. Hoje José está viúvo! Está muito sozinho com essa <u>viuvez</u>. Que mulher altiva! Comporta-se com muita <u>altivez</u>. Maria está uma grávida bonita. É uma linda <u>gravidez</u>. A água do rio está límpida. Vamos preservar essa <u>limpidez</u>. Caio é um homem muito honrado. Um exemplo de <u>honradez</u>. Letícia é tímida e não consegue disfarçar essa <u>timidez</u>. Viu como Bruno está pálido? Nossa, que <u>palidez</u>! Felipe é gago, mas lida bem com sua <u>gaguez</u>.

Jogo de escrita "Contra o tempo com ÊS/EZ"

Antes de iniciar, as crianças devem escrever seu nome no papel da equipe. É preciso estimular a participação de todos nessa tarefa, lembrando que são um grupo. É adequado, também, que você possa agrupar alunos com diferentes graus de conhecimento sobre a escrita.

Após o tempo estipulado, você precisa escrever as palavras registradas por eles no quadro e, então, refletir sobre essas escritas, fazendo as eventuais correções.

É possível que, para tentar vencer o jogo, algumas crianças inventem palavras que não existem. Na hora da correção, peça que elas justifiquem o porquê daquelas escritas. Em uma situação em que vivenciamos esse jogo, uma equipe escreveu a palavra "pombês", justificando que era uma pessoa que nasceu em Pombos, uma cidade do estado de Pernambuco. Discutimos a lógica dessa reflexão, e a turma resolveu considerar a palavra como um acerto, assim como o fez para "barbez", que foi justificada como "barbez é de quem tem barba". O uso dessa lógica indicou que eles já haviam percebido a regularidade por trás dessas regras do ÊS e do EZ. Se surgirem situações como essas, aproveite para discutir com a turma.

Jogo "Contra o tempo com ÊS/EZ" (Cartela do aluno)

Meta do jogo: Escrever corretamente o maior número de palavras do jogo
Participantes: Equipes de 2 a 4 jogadores
Material: Papel e lápis para cada grupo

Regras:
1. A um sinal do/a professor/a, os/as jogadores/as têm de escrever o maior número de palavras com EZ/ÊS que conseguirem, no período de 3 minutos ou em outro tempo, combinado com o/a docente e a turma.
2. Para cada palavra escrita com ÊS deve haver outra escrita com EZ.
3. Encerrado o tempo, o/a professor/a recolhe as folhas e faz a correção coletiva delas. A equipe com maior número de palavras registradas corretamente vence o jogo.

Jogos de escrita com o par AL/AU

Jogo de escrita "Soletrando com AL/AU"

Recomendamos, assim como nos outros jogos, a leitura das palavras das fichas e o esclarecimento sobre eventuais dúvidas antes do início das jogadas.

É normal que crianças com dificuldades de escrita não queiram participar. Mesmo assim, convide-as para contribuir com o grupo.

Combine com as crianças que, na correção, vai-se avaliar apenas se o AL/AU foi escrito corretamente, mesmo que haja outros erros na grafia das palavras.

Jogo "Soletrando com AL/AU" (Cartela do aluno)

Meta do jogo: Escrever corretamente as palavras ditadas
Participantes: 4 grupos de jogadores/as
Material: 20 fichas de palavras, saco para realização de sorteio e marcador para quadro branco (para registro dos pontos)

Regras:
1. Define-se qual dupla ou grupo inicia o jogo.
2. O/a professor/a chama um/a jogador/a da dupla/grupo 1 para que pegue uma palavra do saco.
3. O/a jogador/a da dupla ou grupo 1 dita a palavra sorteada para o/a jogador/a da dupla/grupo 2, que soletra a palavra ditada, registrando-a no quadro.
4. Se acertar, o/a professor/a registra o ponto da dupla/grupo no quadro.
5. A dupla/grupo que soletrou e escreveu no quadro deve pegar uma palavra no saco para ditar para a dupla ou grupo seguinte, até que terminem todas as palavras.
6. Quem acertar o maior número de palavras vence o jogo.
7. O jogo termina quando acabam as palavras da mesa.

Indicação de palavras do jogo "Soletrando com AL/AU"

COLORAU – GRAU – NAU – MINGAU – DEGRAU – BACALHAU – CACAU – PAU – BERIMBAU – SARAU

> FINAL – PESSOAL – MEDICINAL – CEREBRAL – NATURAL – PINHEIRAL – BANANAL – ROSEIRAL – ARROZAL – COQUEIRAL

Jogo de escrita "Cumprindo a missão com AL/AU"

> **Jogo "Cumprindo a missão com AL/AU"** (Cartela do aluno)
>
> **Meta do jogo:** Escrever corretamente as palavras no menor tempo possível
> **Participantes:** Até 5 grupos de jogadores/as
> **Material:** 5 envelopes com "missões", papel e lápis para cada equipe
>
> **Regras:**
> 1. O/a professor/a distribui os envelopes, lápis e papel para cada dupla/grupo de jogadores/as.
> 2. A um sinal, todos abrem seus envelopes e obedecem à instrução (missão) contida nele.
> 3. A dupla/grupo que cumprir corretamente sua missão (escrevendo todas as palavras corretamente) vence o jogo.
> 4. A equipe que terminar primeiramente grita "Cessou", e todos param de escrever, e o/a professor/a copia as palavras escrita pelos/as jogadores/as no quadro, fazendo a correção coletiva.
> 5. Caso haja palavras erradas, vence o grupo quem escreveu o maior número de palavras corretas, de acordo com sua missão.

> **Indicação de fichas com as missões do jogo "Cumprindo a missão com AL/AU"**
>
> **Missão 1:** Escrever 6 palavras terminadas com AL.
>
> **Missão 2:** Escrever 3 palavras terminadas com AL e 3 terminadas com AU.

> **Missão 3:** Escrever 1 palavra terminada com AU e 5 terminadas com AL.
>
> **Missão 4:** Escrever 2 palavras terminadas com AU e 4 terminadas com AL.
>
> **Missão 5:** Escrever 2 palavras terminadas com AL e 4 terminadas com AU.

Esse jogo vai requerer dos estudantes que pensem em palavras que tenham as terminações AL/AU. Desse modo, eles vão precisar pôr em prática as reflexões realizadas ao participar de jogos de classificação de palavras com esse par.

Após o jogo, é interessante que você registre ou peça para as crianças registrarem no quadro as escritas que fizeram nas folhas e, então, promova mais um momento de reflexão sobre a escrita. Considere como acerto as palavras que usarem as terminações corretas.

Jogos de escrita com o par ICE/ISSE

Jogo de escrita "Ponto a ponto com ICE/ISSE"

Antes de iniciar, faz-se necessário lembrar aos alunos que, ao contabilizar os pontos, vale ponto cada escrita realizada utilizando ICE ou ISSE corretamente, mesmo havendo algum erro em outra parte da palavra, por exemplo, escrever *dezistisse", em vez de "desistisse". É lógico que, ao final do jogo, você pode questioná-los sobre a escrita correta, revisando as palavras por completo.

Você deve estimular todas as crianças a participarem, e aquelas que têm mais dificuldades (na escrita) podem ser auxiliadas pelos colegas, que podem ditar-lhes as palavras letra a letra. Esse momento é muito importante para essas crianças, pois estarão pensando sobre as correspondências letra/som, bem como sobre a correspondência entre morfema final e classe de palavras.

Jogo "Ponto a ponto com ICE/ISSE" (Cartela do aluno)

Meta do jogo: Escrever corretamente o maior número de palavras

Participantes: 2 ou 4 grupos de jogadores/as

Material: 20 fichas com palavras escritas, marcador para quadro branco ou giz

Regras:
1. O/a professor/a e os/as jogadores/as decidem a ordem de início do jogo.
2. As fichas são embaralhadas e colocadas numa pilha sobre a mesa do/a professor/a, emborcadas, ou seja, com a face voltada para baixo.
3. O primeiro grupo tira a ficha que está em cima da pilha, e um dos membros do grupo dirige-se ao quadro para escrever uma palavra terminada com ICE/ISSE relativa a essa palavra.
4. Se escrever corretamente, marca um ponto, passando a vez para o grupo seguinte.
5. O/a professor/a vai registrando a pontuação dos grupos no quadro.
6. Ganha a equipe que tiver marcado maior número de pontos quando a última palavra tiver sido escrita.

Indicação de palavras do jogo "Ponto a ponto com ICE/ISSE":

Final ICE: LIGEIRO – GULOSO – MEIGO – VELHO – CAVALO – MACACO – PERALTA – CRIANÇA – CARETA – CHATO

Final ISSE: PARTIR – SUMIR – SAIR – SERVIR – DESISTIR – ABRIR – RESISTIR – GARANTIR – MENTIR – OUVIR

Jogo de escrita "Cumprindo a missão com ICE/ISSE"

Esse jogo requer que as crianças recorram à memória para escrever palavras com os finais indicados, no menor tempo possível. O fato de estarem trabalhando em equipe, geralmente, facilita a realização dessa tarefa.

Jogo "Cumprindo a missão com ICE/ISSE" (Cartela do aluno)

Meta do jogo: Escrever corretamente as palavras no menor tempo possível
Participantes: Até 5 grupos de jogadores/as
Material: 5 envelopes com missões, papel e lápis para cada equipe

Regras:
1. O/a professor/a distribui os envelopes, lápis e papel para cada dupla/trio de jogadores/as.
2. A um sinal, todos abrem seus envelopes e obedecem à instrução (missão) contida nele.
3. A equipe que terminar primeiramente grita "Cessou", e todos param de escrever. o/a professor/a copia as palavras escritas pelos/as jogadores/as no quadro, fazendo a correção coletiva.
4. A dupla/trio que cumprir corretamente sua missão (escrevendo todas as palavras corretamente) vence o jogo.
5. Caso haja palavras erradas, vence o grupo que escreveu maior número de palavras corretas, de acordo com sua missão.

Indicação das tarefas do "Cumprindo a missão com ICE/ISSE"

Missão 1: Escrever 3 palavras terminadas com ICE e 3 terminadas com ISSE.

> **Missão 2:** Escrever 1 palavra terminada com ICE e 5 terminadas com ISSE.
>
> **Missão 3:** Escrever 2 palavras terminadas com ICE e 4 terminadas com ISSE.
>
> **Missão 4:** Escrever 4 palavras terminadas com ICE e 2 terminadas com ISSE.
>
> **Missão 5:** Escrever 5 palavras terminadas com ICE e 1 terminada com ISSE.

Jogos de escrita com o par AM/ÃO

Jogo de escrita "Soletrando com AM/ÃO"

Esse jogo também apareceu para o par AL/AU, mas, na presente versão (AM/ÃO), as fichas contêm, além do verbo, o tempo verbal em que a palavra deve ser escrita. Nas fichas aparecem, por exemplo "CHAMAR (Aconteceu)" ou "FALAR (Vai acontecer)". Vale lembrar que você não precisa, necessariamente, trabalhar com as nomenclaturas gramaticais como "pretérito perfeito do indicativo" ou "futuro do presente do indicativo" para que seus alunos possam entender o que é uma ação que se refere a um evento já vivenciado ou a um que ainda vai ocorrer.

Antes de iniciar, devemos combinar com os estudantes que apenas os finais AM/ÃO serão contabilizados como acertos ou erros.

É bom perguntar, durante o jogo, se eles têm certeza quanto à escrita, para que reflitam sobre a pertinência ou não da grafia por eles apresentada.

Algumas crianças podem ter dificuldades, mas isso não deve ser um impeditivo para sua participação. Lembremos que seus colegas podem ajudar, falando a terminação ou, até mesmo, ditando-lhe toda a palavra. Você deve fazer com que essas crianças se sintam confortáveis durante a escrita, e se, por um acaso, negarem-se a escrever, incentive-as, mas não as obrigue, pois jogar implica um envolvimento voluntário.

Jogo "Soletrando com AM/ÃO" (Cartela do aluno)

Meta do jogo: Acertar o maior número de palavras
Participantes: Até 5 duplas ou grupos
Material: 20 fichas de palavras, saco para realização de sorteio, marcador para quadro branco para registro dos pontos

Regras:
1. Define-se qual dupla ou grupo inicia o jogo.
2. A dupla/grupo retira uma ficha do saco, escreve no quadro a palavra correspondente, soletra-a e registra no quadro.
3. Se acertar, o/a professor/a registra o ponto da dupla/grupo no quadro.
4. Quem acertar o maior número de palavras vence o jogo.

Indicação das palavras do jogo "Soletrando com AM/ÃO"

Palavras terminadas em AM (Aconteceu): AMAR – CHAMAR – PENSAR – LIGAR – CHEGAR – ENTREGAR – GOSTAR – LEVANTAR – NADAR – BRIGAR

Palavras terminadas em ÃO (Vai acontecer): DANÇAR – ESTUDAR – BRINCAR – PASSEAR – COZINHAR – PINTAR – CANTAR – FALAR – ESCAPAR – VIAJAR

Jogo de escrita "Pensando sobre a escrita com AM/ÃO"

Jogo "Pensando sobre a escrita com AM/ÃO" (Cartela do aluno)

Meta do jogo: Escrever 6 frases no menor tempo possível, acertando o AM e o ÃO nos final de palavras
Participantes: Até 5 grupos com idêntico número de jogadores/as
Material: Folhas de papel ofício e lápis grafite

Regras:
1. O/a professor/a distribui papéis para cada grupo.
2. A um sinal do/a professor/a, os grupos escrevem 6 frases, tendo de ser 3 frases com palavras terminadas com ÃO e 3 terminadas com AM.
3. O grupo que terminar a tarefa leva o papel para que o/a professor/a confira a quantidade de pontos marcados.
4. Quando o primeiro grupo terminar, os papéis dos demais grupos serão recolhidos.
5. A cada verbo empregado e escrito corretamente, os grupos marcam um ponto.
6. Vence quem fizer o maior número de pontos.

Como nesse jogo não há nenhuma orientação sobre a escrita, e os/as aprendizes devem pensar em frases cujos verbos tenham as terminações AM e ÃO, eles podem encontrar um maior grau de dificuldade, propiciando que os grupos centralizem a tarefa em apenas uma ou duas crianças. Você precisa lembrar a eles que o grupo é composto por todos os alunos e que estes devem colaborar, seja ditando uma frase, seja escrevendo, seja refletindo sobre o tempo verbal da frase etc.

Ao final, é interessante que as frases elaboradas por todos os grupos sejam copiadas no quadro, lidas e corrigidas no coletivo. Desse modo, todos podem centrar sua atenção sobre o mesmo foco: a escrita com AM ou ÃO.

CAPÍTULO 8
EPÍLOGO... OU CONCLUINDO O JOGO

> Jogos, regras, regularidades, variações, inovações... Ao longo deste livro, estivemos expondo a você, professora ou professor, uma série de experiências que levamos a cabo, em diferentes escolas e grupos-classe, e que se revelaram uma alternativa eficiente para ajudarmos nossos alunos a aprenderem a escrever segundo a norma ortográfica, mas fazendo-o de forma lúdica, prazerosa e, ao mesmo tempo, reflexiva. Neste capítulo final, vamos elencar, a título de lembrete, sete pontos que nos parecem merecer mais uma "jogada", porque são princípios que julgamos essenciais.

Optamos por não ter jogos com irregularidades

Os casos irregulares de nossa ortografia sempre serão uma fonte de dificuldade quando formos escrever. Obviamente, sempre haverá palavras que desconhecemos, e se, na hora de grafá-las, tivermos dúvida, a solução é consultar um dicionário. A escola precisa ensinar as crianças a usarem esse tesouro no qual, além da correta grafia das palavras, conhecemos os muitos significados que cada palavra pode assumir.

Morais (1998) observa que consultar o dicionário, o "pai dos sabidos", envolve um conjunto de habilidades e merece um ensino sistemático.

Como os vocábulos com irregularidades são muitos, o importante é que, progressivamente, seus alunos memorizem a grafia daquelas palavras que são de uso frequente. Saber escrever *hoje*, *cidade* e *chuva* é prioritário, porque são palavras de uso corriqueiro, para uma criança de 8 anos de idade. Já *harpa*, *citologia* e *charanga* dificilmente vão aparecer nos textos que seus alunos dos anos iniciais vão produzir, e, quando precisarem escrevê-las, é mais que natural que busquem solucionar suas dúvidas com um dicionário.

Concursos e competições de ortografia que usam somente palavras irregulares não nos parecem educativos e tendem a distorcer o sentido de se escrever ortograficamente, porque a prioridade passa a ser a memorização de palavras esdrúxulas. Não faz sentido, em pleno século XXI, estarmos memorizando informações pouco úteis.

Por essas razões, nunca fazemos jogos com palavras que contêm irregularidades. Mas, se você acha que vale a pena criar jogos pondo o foco sobre irregularidades, insistimos apenas quanto àquele cuidado básico: não priorizar palavras raras, que nunca serão escritas por seus alunos, nos textos que produzem no dia a dia.

A nomenclatura gramatical não pode ser requisito para jogar, mas não tem de ser excluída do processo de ensino-aprendizagem

Aprender gradualmente o nome das classes gramaticais é também aprender a tratar a língua como objeto de reflexão, tratar as palavras como objeto de curiosidade, sobre o qual refletimos e temos o prazer de conhecer mais e mais. Mas podemos falar sobre a linguagem sem, necessariamente, usar com perfeição os termos da gramática pedagógica tradicional.

Sobretudo nos anos iniciais do ensino fundamental, não vemos por que exigir que nossos alunos aprendam a usar termos como "sílaba tônica" ou "infinitivo". Em diferentes pesquisas, temos visto que as crianças aprendem a usar, por exemplo, o O ou U no final das palavras e a colocar o R final dos verbos no infinitivo sem usar tais termos gramaticais (cf. MORAIS, 1999).

O importante é que seus alunos verbalizem o que estão compreendendo. Assim, parece-nos muito bom que digam que "bambu" se escreve com U "porque é forte e está no final". A explicitação verbal consciente é necessária e adequada, mas não pode ter como requisito o emprego dos termos da taxonomia da gramática tradicional.

É preciso reinventar os jogos

Em tempos de padronização – quando grupos empresariais querem impor pacotes de apostilados, sistemas de ensino etc. –, pensamos que os professores são profissionais com autonomia. Dispor de recursos prontos no mercado não implica abrir mão de sua criatividade e direito à autoria.

Para inventar ou reinventar jogos, é preciso que você, docente, compreenda quais objetivos e modos de funcionar cognitivamente se encontram por trás de cada jogo, para poder criar variações e novidades.

Como pudemos ver ao longo deste livro, formatos como "jogo do mico", "bingo", "jogo de memória", "trilha" etc., próprios de nossa tradição cultural, podem se prestar a promover a reflexão sobre diferentes dificuldades ortográficas. Variações na "aparência externa" podem constituir, então, novidades com o intuito de motivar, sem que percamos de vista a intencionalidade didática que assumimos ao usar ou reinventar um jogo.

É preciso ajustar os jogos aos níveis dos aprendizes

Sim, é preciso que você esteja sempre atenta/o para ajustar o emprego de jogos às necessidades de seus alunos e às circunstâncias do funcionamento da aula, da turma, no cotidiano escolar. Vimos que, para melhor usar os jogos aqui descritos, ou quaisquer outros recursos didáticos, é necessário fazer diagnósticos, seja observando a escrita espontânea de nossos alunos, seja criando instrumentos como os "ditados de textos com lacunas a serem preenchidas" com palavras selecionadas intencionalmente, para detectarmos quais crianças ainda não se apropriaram de determinada regra.

Além dos diagnósticos iniciais, defendemos a realização de novas sondagens após uma sequência de jogos/atividades voltados ao ensino de determinada regularidade, a fim de ajustar o nível de diferentes jogos para alunos ou grupos de alunos da turma. Diante da heterogeneidade do grupo-classe, você pode usar determinado jogo como atividade simultânea a outra, o que lhe permite dar atenção especial a um subgrupo de crianças ou a um aluno individualmente.

Para que continuem constituindo desafios ajustados para nossos alunos, podemos e devemos criar regras adicionais que, se necessário, tornem o jogo menos complexo ou, contrariamente, exijam que os jogadores que já consolidaram seus conhecimentos tenham, por exemplo, de a cada jogada dizer e escrever mais uma palavra com a dificuldade ortográfica que está sendo enfocada naquele jogo.

O emprego de jogos é uma alternativa prazerosa e importante, mas não devemos excluir outras formas de aprender ortografia

Embora os jogos permitam que seus alunos vivam uma ludicidade desafiadora, outras formas que semeiam a dúvida e promovem a reflexão não devem ser excluídas do ensino de ortografia, porque também já se revelaram eficientes.

As sequências didáticas que concebemos ainda nos anos 1990 (cf. MORAIS, 1998) mostraram o quanto se pode avançar com um ensino de ortografia inovador, usando princípios gerais que foram adaptados aos jogos descritos neste livro e que visam promover a reflexão consciente, o debate e a tomada de consciência de regularidades ortográficas.

Outras modalidades de jogos clássicos, como caça-palavras e cruzadinhas, podem também ser bons aliados no ensino de regularidades ortográficas específicas, sobretudo como atividades complementares para os alunos que persistem precisando de ajuda.

Aprender ortografia deve envolver uma atitude mais ampla de revisão e edição final dos textos que produzimos

Entendemos que a busca por escrever segundo a norma deva ser apropriada por nossos alunos como um princípio de boa comunicação, como um recurso para que consigamos, efetivamente, envolver nossos leitores. Assim, ortografar precisa, progressivamente, ser uma faceta de um trabalho mais amplo de reescrita, em que os estudantes buscam burilar seus textos, melhorar os recursos linguísticos empregados, revisar para além da correção e buscar uma edição e apresentação final o mais atrativas e adequadas possível, para persuadir seus leitores, sempre considerando o gênero textual em questão. Claro que todo esse investimento se aplica às situações em que têm leitores e finalidades comunicativas para estarem produzindo um texto.

Como já defendíamos há mais de duas décadas (MORAIS, 1998), entendemos que, diferentemente das velhas "redações" de triste memória, todos os textos de autoria produzidos por nossos principiantes precisam cumprir um ciclo de planejamento, revisão durante e ao final da escrita, reescrita e edição finais. Isso pressupõe, por um lado, que a escola e nós, docentes, ao planejar o ensino de produção textual, tomemos consciência de que é preciso familiarizar os estudantes com o gênero que vão produzir, além de termos clareza sobre os futuros interlocutores e sobre as finalidades que justificam propormos aos nossos alunos que escrevam seus textos. Por outro lado, é preciso assegurar os momentos de revisão/reescrita e edição final, para que sejam divulgados ou expostos no nível mais qualificado possível.

Se, durante a expressão escrita espontânea, nossos aprendizes têm todo o direito de escrever com erros, precisamos desenvolver neles a atitude de reelaboração e aperfeiçoamento de seus textos, para que gostem de escrevê-los e divulgá-los "nos trinques".

Escrever segundo a norma é fundamental, mas o letramento continua sendo a prioridade

Assim como, desde os anos 1990, temos criado um consenso de que é preciso "alfabetizar letrando", defendemos que, após a chegada a uma hipótese alfabética de escrita, o progressivo letramento dos estudantes continua sendo uma prioridade durante toda a educação básica.

Apesar de, neste livro, termos centrado nosso olhar especificamente sobre como ensinar ortografia, por meio de jogos que buscam promover o prazer e a reflexão, temos muita clareza de que as práticas de leitura e de produção de textos precisam continuar constituindo o carro-chefe do ensino e do aprendizado da língua portuguesa na escola.

Pensamos que, nos anos iniciais do ensino fundamental, os momentos de reflexão específica sobre a escrita de palavras devam ser sistemáticos, mas que o tempo dedicado à leitura/compreensão/produção de textos deva ser substancialmente maior. Por quê?

Se você examinar bem, concordará que vivemos num país com um enorme *apartheid* social, particularmente quando o tema é o acesso da população à modalidade escrita da língua. Por isso, pensamos que não há em que titubear. A imersão na cultura escrita é a grande tarefa quando nós, educadores, pensamos na democratização das práticas letradas. Escrever segundo a norma ortográfica é um detalhe desse projeto de democratização do apropriar-se da escrita para exercer a cidadania. Os jogos aqui descritos são uma alternativa que não esquece esse projeto maior e que parte de uma opção clara: queremos jogar com palavras, promovendo a ludicidade e a reflexão, para que todas as meninas e todos os meninos possam usar a escrita na luta por um país mais humano e fraterno.

***

Cara professora, caro professor,

Esperamos que vocês tenham gostado das proposições aqui feitas para o ensino de ortografia com jogos. Acreditamos que a ludicidade neles presente possa potencializar o ensino promovido por vocês, para que seus/suas estudantes gostem de aprender a ortografia, brincando com as palavras. Afinal, o direito à felicidade precisa ser vivido, cotidianamente, também na escola.

SUGESTÕES DE LEITURA...
OU PARA SABER MAIS

1 *Ortografia: ensinar e aprender*
MORAIS, Artur Gomes de. 10. ed. São Paulo: Ática, 2010.

Atualizado em 2010, de modo a já levar em conta o último acordo ortográfico do português, neste livro o autor apresenta a norma ortográfica como uma convenção que unifica a escrita de palavras, e discute a importância do ensino de ortografia, trazendo também evidências de como as crianças aprendem esse objeto de conhecimento. Morais propõe uma classificação para a norma ortográfica do português brasileiro e defende que há dificuldades ortográficas que podem ser compreendidas (regulares) e outras que precisam ser memorizadas (irregulares). Além de analisar criticamente o modo como a ortografia tende a ser tratada, como objeto de avaliação e não como objeto de ensino sistemático, o autor traz a definição de princípios que devem nortear um ensino reflexivo de ortografia. Apresenta algumas situações de ensino-aprendizagem em que o conhecimento sobre a escrita de palavras pode ser fruto de reflexão tanto a partir de textos como fora deles. E ainda discute o uso do dicionário para o trabalho com as irregularidades ortográficas e o lugar da revisão/reescrita de textos na didática de língua portuguesa.

2 O aprendizado da ortografia
MORAIS, Artur Gomes de (org.). 3. ed. Belo Horizonte: Autêntica, 2022.

Essa obra é composta por sete capítulos, escritos por diferentes estudiosos da Universidade Federal de Pernambuco, que se debruçaram sobre como as crianças aprendem a ortografia. Cada um deles traz resultados de pesquisas, bem como considerações importantes sobre o ensino de ortografia na perspectiva de um trabalho reflexivo, considerando as especificidades encontradas na escrita de palavras em nossa língua. Na Apresentação, o organizador da obra apresenta a natureza arbitrária do conhecimento ortográfico e a necessidade de ensiná-lo de uma forma mais eficiente e prazerosa. Nos capítulos que se seguem há uma discussão sobre: 1) algumas fontes de dificuldade na aprendizagem das regras de ortografia, 2) a aprendizagem de irregularidades e a importância do significado na escrita de palavras com irregularidades; 3) a explicitação verbal dos conhecimentos infantis sobre a ortografia, 4) o lugar do erro no aprendizado da ortografia; e 5) outro aspecto da notação da linguagem escrita, que é o ensino e a aprendizagem da pontuação.

3 Ortografia na sala de aula
SILVA, Alexsandro da; MORAIS, Artur Gomes de; MELO, Kátia Leal Reis de (org.). Belo Horizonte: Autêntica, 2022.

Esse livro traz discussões acerca do ensino e da aprendizagem da ortografia, apoiado em uma concepção construtivista da aprendizagem. Por meio da análise e da reflexão sobre as regras ou sobre a ausência delas, explica como levar os/as aprendizes a construírem seus conhecimentos ortográficos. Há, de início, uma apresentação de como a norma ortográfica do português se organiza, para que os/as professores/as percebam o que os/as estudantes podem compreender e o que precisam memorizar. Traz também considerações sobre a evolução do aprendizado da ortografia, sobre a importância do diagnóstico no planejamento do ensino de ortografia e a respeito do uso do dicionário como um portador textual e fonte de consulta sobre a escrita/significação das palavras. Na parte final, um enfoque especial é dado ao processo de revisão textual e à análise de como os livros didáticos têm proposto o ensino de ortografia, alertando os/as docentes para certos cuidados na hora de escolher quais manuais didáticos adotar.

4
Ensino de ortografia: sequências didáticas e jogos para o ensino fundamental
PESSOA, Ana Cláudia Rodrigues Gonçalves (org.). Recife [s.l.]: 2020. Disponível em: http://www.serdigital.com.br/gerenciador/clientes/ceel/arquivos/180.pdf.

Essa obra traz elementos para a reflexão das/dos docentes sobre o ensino da ortografia, por meio do emprego de sequências didáticas e jogos, elaborados com o objetivo de auxiliar os/as estudantes a tratarem as palavras com uma atitude curiosa e viverem um prazeroso aprendizado da escrita. As sequências didáticas e os jogos propostos auxiliam na compreensão de relações fonográficas regulares contextuais, ou seja, as que dependem da posição de ocorrência das letras ou dígrafos no interior das palavras, como é o caso dos empregos de C/QU, G/GU, R/RR. Também se voltam ao ensino das relações morfológico-gramaticais, que dependem da categoria gramatical da palavra, como os usos de AM/ÃO, ÊS/EZ, EZA/ESA, IU/IL e OSO/OSA. Há ainda jogos que tratam de irregularidades de nossa norma ortográfica (enfocando os usos do S ou Z e do X/CH). A partir dessas sugestões, o/a docente terá indicações para desenvolver outras situações e materiais destinados à promoção da aprendizagem de regularidades e irregularidades de nossa norma ortográfica.

REFERÊNCIAS

ALMEIDA, Tarciana Pereira da Silva. *A relação entre a mediação docente e o desempenho ortográfico de alunos participantes de jogos de ortografia*. 2013. 145 f. Dissertação (Mestrado em Educação) – Centro de Educação, Universidade Federal de Pernambuco, Recife, 2013.

ALMEIDA, Tarciana Pereira da Silva. *O aprendizado de regras morfológicas de ortografia*: a evolução das crianças e os efeitos de intervenções didáticas com o uso de jogos. 2018. 263 f. Tese (Doutorado em Educação) – Centro de Educação, Universidade Federal de Pernambuco, Recife, 2018.

ALMEIDA, Tarciana Pereira da Silva Almeida; MORAIS, Artur Gomes de. Jogos ortográficos como recursos pedagógicos para promover a aprendizagem das regularidades diretas. *In*: SILVA, Leila Nascimento da, MONTEIRO, Roselma da Silva; PEREIRA, Sônia Virgínia Martins (org.). *Reflexão sobre fazeres em alfabetização*. Recife: Editora UFPE, 2022. p. 98-114.

ANDRADE, Braulio Antonio Arcos. *Diseño de atividades lúdicas para la esnsñanza*: aprendizaje de ortografia em nível básico médio baseados em juegos tradicionales ecuatorianos. Ambato: Pontifícia Universidad Católica del Ecuador, 2015.

BAGNO, Marcos. *Preconceito lingüístico*: o que é, como se faz. 9. ed. São Paulo: Loyola, 1999.

BEZERRA, Valéria Suely Simões Barza. *Jogos de análise fonológica*: Alguns percursos na interação de duplas de crianças. Recife:UFPE, 2008. Dissertação de Mestrado.

BORBA, Ângela Meyer. O brincar como um modo de ser e estar no mundo. *In*: BEAUCHAMP, Jeanete; PAGEL, Sandra Denise; NASCIMENTO, Aricélia

Ribeiro do (org.). *Ensino fundamental de nove anos*: orientações para a inclusão da criança de seis anos de idade. Brasília: Ministério da Educação, Secretaria da Educação Básica, 2007. p. 33-46.

BROUGÈRE, Gilles. *Jogo e educação*. Porto Alegre: Artes Médicas, 1998.

CAILLOIS, Roger. *Os jogos e os homens*: a máscara e a vertigem. Trad. José Garcez Palha. Lisboa: Cotovia, 1990.

CARRAHER, Terezinha Nunes. Explorações sobre o desenvolvimento da competência em ortografia em português. *Psicologia, Teoria e Pesquisa*, v. 1, n. 3, 1985.

CHRISTIE, James F. Programme de jeux pour les structures prescolaires et les cours primaires (2ème partie). *L'Éducation par le jeu et l'Environnement*, n. 44, 1991.

CONTI, Carolina Ferreira. *A relevância da consciência metalinguística na ortografia de palavras morfologicamente complexas na língua portuguesa*. 2011. 102 f. Dissertação (Mestrado em Psicologia) – Universidade Federal de Juiz de Fora, Juiz de Fora, 2011.

CREPALDI, Roselene. *Jogos, brinquedos e brincadeiras*. Curitiba: IESDE Brasil, 2012.

FARACO, Carlos Alberto. *Escrita e alfabetização*. 5. ed. São Paulo: Contexto, 2001.

FERREIRA, Cristina Ortiga; SILVA, Viviane Faustino da; SOUZA, Neusa Maria. A utilização de jogos no processo de alfabetização/letramento: a construção de uma prática pedagógica como experiência do PIBID. *In*: CONGRESSO NACIONAL DE EDUCAÇÃO: EDUCERE, 11., 2013, Curitiba. *Anais...* Disponível em: https://educere.bruc.com.br/ANAIS2013/pdf/9450_7096.pdf. Acesso em: 23 maio 2022.

FERREIRO, Emília. *O ingresso na escrita e na cultura do escrito*. São Paulo: Cortez, 2014. E-book.

GRANDO, Regina Célia. *O jogo*: suas possibilidades metodológicas no processo ensino-aprendizagem da matemática. 1995. Dissertação (Mestrado em Educação) – Universidade Estadual de Campinas, Campinas, 1995.

GRANDO, Regina Célia. O jogo na educação: aspectos didático-metodológicos do jogo na educação matemática. Unicamp, 2001. Disponível em: http://www.cempem.fe.unicamp.br/lapemmec/cursos/el654/2001/juliana_e_claudia/O_jogo_na_e ducacao.htm. Acesso em: 20 mar. 2016.

GUIMARÃES, Gilda; ROAZZI, Antonio. A importância do significado na aquisição da escrita ortográfica. *In*: MORAIS, Artur Gomes (org.). *O aprendizado da ortografia*. Belo Horizonte: Autêntica, 1999. p. 61-76.

HUIZINGA, Johan. *Homo ludens*: o jogo como elemento da cultura. Trad. João Paulo Monteiro. São Paulo: Perspectiva, 1990.

KISHIMOTO, Tizuko Morchida. *O jogo e a educação infantil*. São Paulo: Pioneira, 1994.

LEMLE, Miriam. *Guia teórico do alfabetizador*. 13. ed. São Paulo: Ática, 1986.

MARQUES, Luciana Ferreira. *Estruturas silábicas do português do Brasil*: uma análise tipológica. 2008. 261 f. Dissertação (Mestrado em Letras) – Faculdade de Filosofia, Letras e Ciências Humanas, Universidade de São Paulo, São Paulo, 2008.

MELO, Janaína Paz de. *Alternativas didáticas para o ensino das regras ortográficas de tipo morfológico*: um estudo em didática da língua portuguesa. 2001. Dissertação (Mestrado em Educação) – Centro de Educação, Universidade Federal de Pernambuco, Recife, 2001.

MELO, Kátia Leal Reis de; REGO, Lúcia Lins Browne. Inovando o ensino da ortografia na sala de aula. *Cadernos de Pesquisa*, n. 105, nov. 1998.

MONTEIRO, Ana Márcia Luna. *A aquisição de regras ortográficas de contexto na leitura e na escrita*. 1995. Dissertação (Mestrado em Psicologia Cognitiva) – Universidade Federal de Pernambuco, Recife, 1995.

MORAIS, Artur Gomes de. O diagnóstico como instrumento para o planejamento do ensino de ortografia. *In*: SILVA, Alexandro da Silva; MORAIS, Artur Gomes de; MELO, Kátia Leal Reis de (org.). *Ortografia na sala de aula*. Belo Horizonte: Autêntica, 2007. 1 reimp. p. 45-60.

MORAIS, Artur Gomes de. *Ortografia*: ensinar e aprender. 4. ed. São Paulo: Ática, 1998.

MORAIS, Artur Gomes de. Ortografia como objeto de reflexão: quando o ensino ajuda o aprendiz a explicitar seus conhecimentos sobre a norma. *In*: REUNIÃO ANUAL DA ANPED, 21 set. 1999, Caxambu. *Anais*... Caxambu, 1999.

MORAIS, Artur Gomes de. *Representaciones infantiles sobre la ortografia del portugués*. 1995. Tesis doctoral (Doctorado em Psicologia) – Universidad de Barcelona, Barcelona, 1995.

MORAIS, Artur Gomes de; BIRUEL, Aparecida. *Como os professores das séries iniciais concebem e praticam o ensino e a aprendizagem da ortografia*. IX ENDIPE, 1998.

MORAIS, Artur Gomes de; SILVA, Alexsandro da. Consciência fonológica na Educação Infantil: desenvolvimento de habilidades metalinguísticas e aprendizado da escrita alfabética. *In*: BRANDÃO, Ana Carolina Perrusi; ROSA, Ester

Calland de Sousa (org.). *Ler e escrever na Educação Infantil*: discutindo práticas pedagógicas. Belo Horizonte: Autêntica, 2010. p. 73-91.

MOTA, Márcia Maria Peruzzi Elia *et al*. Diferenças entre o desenvolvimento da morfologia derivacional e flexional no português brasileiro no ensino fundamental. *Psicologia: Reflexão e Crítica*, v. 26, n. 4, 2013.

MOURA, Edilza de. *Repensando o ensino e a aprendizagem da ortografia*. 1999. Monografia (Especialização em Alfabetização de Pré a 4ª série) – Centro de Educação, Universidade Federal de Pernambuco, Recife, 1999.

MOURA, Manoel Oriosvaldo de. A séria busca no jogo: do lúdico na Matemática. *In*: KISHIMOTO, Tizuko Morchida (org.). *Jogo, brinquedo, brincadeira e a educação*. 14. ed. São Paulo: Cortez, 2011. p. 81-97.

NUNES, Terezinha. Leitura e escrita: processos e desenvolvimento. *In*: ALENCAR, Eunice Soriano de (org.). *Novas contribuições da psicologia aos processos de ensino e aprendizagem*. São Paulo: Cortez, 1992. p. 13-50.

NUNES, Terezinha; BRYANT, Peter. *Improving Literacy through Teaching Morphemes*. London: Routledge, 2006.

NUNES, Terezinha; BRYANT, Peter. *Leitura e ortografia*: além dos primeiros passos. Trad. Vivian Nickel. Porto Alegre: Penso, 2014.

OLIVEIRA, Priscila Silvestre de Lira; LEAL, Telma Ferraz. *Explorando jogos didáticos de Língua Portuguesa em uma sala de Educação Infantil*. 2008. Trabalho de Conclusão Curso (Graduação em Pedagogia) – Centro de Educação, Universidade Federal de Pernambuco, Recife, 2008.

PESSOA, Ana Cláudia Rodrigues Gonçalves. *Relação entre habilidades de reflexão metalinguística e o domínio da ortografia em crianças*. 2007. 374 f. Tese (Doutorado em Educação) – Centro de Educação, Universidade Federal de Pernambuco, Recife, 2007.

PESSOA, Ana Cláudia; MELO, Kátia Leal Reis de. Recursos didáticos e ensino da ortografia: jogos e dicionário. *In*: LEAL, Telma Ferraz; SILVA, Alexsandro da (org.). *Recursos didáticos e ensino de Língua Portuguesa*: computadores, livros... e muito mais. Curitiba: CRV, 2011. p. 27-42.

PIAGET, Jean. *A formação do símbolo na criança*: imitação, jogo e sonho, imagem e representação. Trad. Álvaro Cabral e Cristiano Monteiro Oiticica. 3. ed. Rio de Janeiro: Zahar, 1978.

QUEIROGA, Bianca Arruda Manchester de. *O conhecimento de aspectos morfossintáticos da ortografia do português em adolescente e adultos escolarizados*.

2003. 277 f. Tese (Doutorado em Psicologia Cognitiva) – Universidade Federal de Pernambuco, Recife, 2003.

QUEIROGA, Bianca Arruda Manchester de; LINS, Michelly Brandão; PEREIRA; Mirella de Andrade Lima Vasconcelos. Conhecimento morfossintático e ortografia em crianças do ensino fundamental. *Psicologia: Teoria e Pesquisa*, v. 22, n. 1, jan./abr. 2006.

REGO, Lúcia Lins Browne; BUARQUE, Lair Levi. Consciência sintática, consciência fonológica e aquisição de regras ortográficas. *Psicologia: Reflexão e Crítica*, v. 10, n. 2, 1997.

REGO, Lúcia Lins Browne; BUARQUE, Lair Levi. Algumas fontes de dificuldade na aprendizagem de regras ortográficas. *In*: MORAIS, Artur Gomes de (org.). *O aprendizado da ortografia*. Belo Horizonte: Autêntica, 1999. p. 21-42.

SANTOS, Maria José dos; BARRERA, Sylvia Domingos. Relação entre conhecimento explícito da ortografia e desempenho ortográfico. *Revista Semestral da Associação Brasileira de Psicologia Escolar e Educacional*, São Paulo, v. 16, n. 2, jul./dez. 2012.

SILVA, Thaís Cristófaro. *Fonética e fonologia do português*. São Paulo: Contexto, 2001.

SILVA, Alexsandro; MORAIS, Artur Gomes de. Brincando e aprendendo: os jogos com palavras no processo de alfabetização *In*: LEAL, Telma Ferraz; SILVA, Alexsandro (org.). *Recursos didáticos e ensino de Língua Portuguesa*: computadores, livros... e muito mais. Curitiba: CRV, 2011. p. 13-26.

VYGOTSKY, Lev S. *A formação social da mente*: o desenvolvimento dos processos psicológicos superiores. São Paulo: Martins Fontes, 1989.

APÊNDICES

APÊNDICE A

JOGOS COM REGULARIDADES DIRETAS
CONFIRA AS REGRAS NAS PÁGINAS 65 A 78

JOGOS DE CLASSIFICAÇÃO
REGULARIDADES DIRETAS

- Completando a frase – versão P/B (página 69)

O _____ ESTÁ CHEIO DE CAFÉ.	BULE
O PÁSSARO ME DEU UMA _____.	BICADA
DOIS SAPATOS FORMAM UM _____.	PAR
O MÉDICO VESTE UMA _____ BRANCA.	BATA
ELE NÃO _____ BRINCAR HOJE.	PODE
MAMÃE DISSE: "NÃO _____ NA CAMA!".	PULE
A _____ DE ABELHA DÓI MUITO.	PICADA
MARIA COMPROU REFRIGERANTE NAQUELE _____.	BAR
A _____ CHOCOU OS OVOS.	PATA
O _____ É O MARIDO DA CABRA.	BODE

- Completando a frase – versão T/D (página 71)

AQUELA MOCHILA É _____ .	DELA
A IRMÃ DO PAPAI É MINHA _____ .	TIA
JOGUEI O _____ E TIREI 3 PONTOS.	DADO
TINHA MUITO _____ NO PASTO.	GADO
_____ ACERTAR TODO O EXERCÍCIO.	TENTE
A _____ DA TELEVISÃO ESTÁ MANCHADA.	TELA
HOJE O _____ ESTÁ QUENTE.	DIA
O _____ É UM DOS CINCO SENTIDOS.	TATO
MEU _____ SUMIU.	GATO
LUCIANA ARRANCOU O _____ .	DENTE

- Completando a frase – versão F/V (página 71)

A FADA USA UMA _____ DE CONDÃO.	VARINHA
MARINA TIROU UMA _____ NO PARQUE.	FOTO
A _____ TEVE UM LINDO BEZERRO.	VACA
A _____ TEM O PESCOÇO LONGO.	GIRAFA
FORMAMOS A _____ PARA ENTRAR NA SALA DE AULA.	FILA
MEU PAI GOSTA DE FEIJÃO COM _____ .	FARINHA
NÃO REVELO MEU _____ A NINGUÉM.	VOTO
A _____ QUE USEI NÃO ESTÁ AMOLADA.	FACA
A RODA-GIGANTE _____ DEVAGAR.	GIRAVA
EU MORO EM UMA _____ POPULAR.	VILA

- Completando a frase – versão M/N (páginas 71 e 72)

MAMÃE TIROU A _____ DO LEITE.	NATA
TENHO MEDO DE ANDAR DE _____ .	MOTO
A _____ EMPACOU.	MULA
MARIA TEM _____ ANOS.	NOVE
VI O _____ DA CIDADE.	MAPA
O CURUPIRA VIVE NA _____ .	MATA
EU _____ QUE VOCÊ ESTÁ TRISTE.	NOTO
A RESPOSTA É _____ , NÃO TEM VALOR.	NULA
MINHA IRMÃ NÃO _____ NEM UMA PALHA.	MOVE
AQUELE SOFÁ É DE _____ ?	NAPA

- Juntando os iguais – versão P/B (páginas 72 e 73)

- Juntando os iguais – versão T/D (páginas 72 e 73)

- Juntando os iguais – versão F/V (páginas 72 e 73)

- Juntando os iguais – versão M/N (páginas 72 a 74)

JOGOS DE ESCRITA
REGULARIDADES DIRETAS

- Corrida de palavras – versão P/B (páginas 74 a 76)

- Corrida de palavras – versão T/D (páginas 74 a 76)

- Corrida de palavras – versão F/V (páginas 74 a 76)

- Corrida de palavras – versão M/N (páginas 74 a 76)

- Em busca de palavras – versão P/B (páginas 76 e 77)

- Em busca de palavras – versão T/D (páginas 76 e 77)

- Em busca de palavras — versão F/V (páginas 76 e 77)

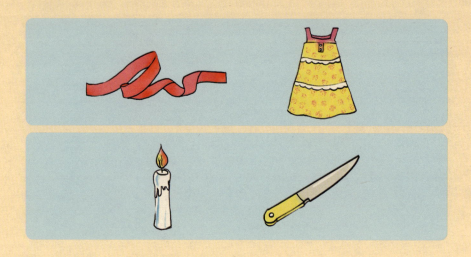

- Em busca de palavras — versão M/N (páginas 76 a 78)

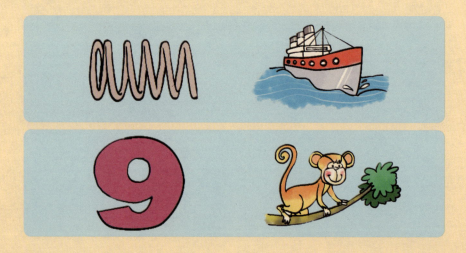

APÊNDICE B

JOGOS COM REGULARIDADES CONTEXTUAIS

CONFIRA AS REGRAS NAS PÁGINAS 79 A 109

JOGOS DE CLASSIFICAÇÃO
REGULARIDADES CONTEXTUAIS

- Jogo da memória versão C/QU (páginas 84 e 85)

■ Quartetos com C e QU (páginas 86 e 87)

| CADERNO | COCO | CUBO | COBRA |
| QUENTE | QUITANDA | QUINZE | QUIBE |

- Garimpo de palavras com G e GU (páginas 88 e 89)

FO__ETE

MORAN__O

MORCE__O

CARAN__EJO

__AIVOTA

__OIABA

__ERRA

__ISADO

PRE__IÇA

__OLEIRO

JE__E

A__ULHA

 AMI__A

 __ATO

 MAN__EIRA

 __ILHOTINA

 DEN__E

 AÇOU__E

 __ALINHA

 FORMI__EIRO

 FORMI__A

 BRI__ADEIRO

 __ITARRA

 __AIOLA

- É com G ou GU? (página 90)

PALAVRAS COM "G"	PALAVRAS COM "GU"

FO__ETE	__IDOM	DEN__E	CARAN__EJO
__AIVOTA	__INCHO	__ERRA	AN__U
PRE__IÇA	__OLEIRO	__ERREIRO	A__ULHA
SAN__E	FO__EIRA	__ARFO	__AITA
__AMBÁ	AÇOU__E	GAN__ORRA	FORMI__EIRO
__OLA	__OLFINHO	__UDE	__ULOSO

G   **GU**

- Jogo da velha com R e RR (páginas 92 e 93)

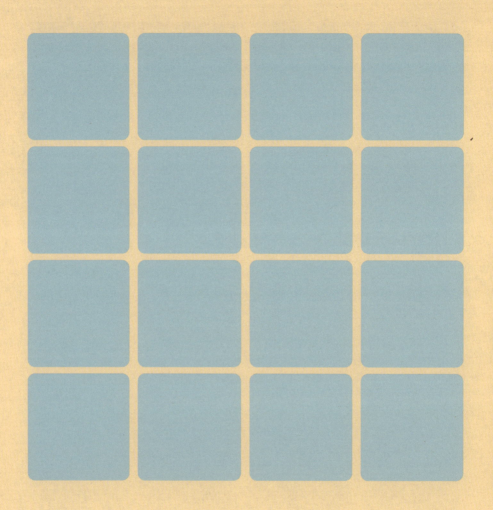

■ Marcadores do jogo da velha (páginas 92 e 93)

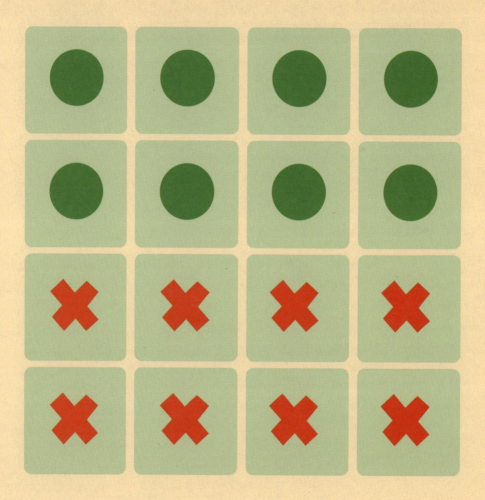

■ Peças do jogo "Na trilha do R e do RR" (páginas 94 e 95)

■ Pinos do jogo "Na trilha do R e do RR" (páginas 94 e 95)

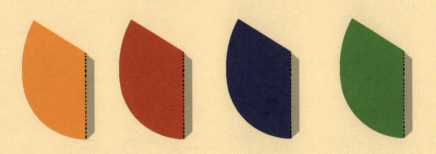

INÍCIO >

 CA__O
 __APOSA
AVANCE 2 CASAS
 P__ESENTE
VOLTE 2 CASAS

 PO__TA

 __AQUETE
 CACHO__O
 Á__VORE
AVANCE 1 CASA
 CA__TA
 BO__ACHA

 PI__ATA

AVANCE 3 CASAS
 B__AÇO
VOLTE 1 CASA
 CI__CO
 JA__A
 BU__O

 BA__CO

CHEGADA <

 TIG__E
 VA__INHA
 G__AVATA
 CO__AÇÃO
 __ELÓGIO

188

- É com M ou N? (páginas 96 e 97)

| E__PADA | CA__TORA |

| BA__BOLÊ | BA__BU |

| FA__TASMA | BO__BA |

| ELEFA__TE | CO__PUTADOR |

| PI__CEL | SA__FONA |

| M | M | M | M | M | M | M | M |
| N | N | N | N | N | N | N | N |

| U__BIGO | BA__DEIRA |

| XA__PU | A__ZOL |

| TA__BOR | LÂ__PADA |

| PE__TE | TA__PA |

| TA__QUE | LARA__JA |

| M | M | M | M | M | M | M | M |
| N | N | N | N | N | N | N | N |

- Jogo da memória com M/N no final da sílaba (páginas 97 e 98)

JOGOS DE ESCRITA
REGULARIDADES CONTEXTUAIS

- Fala que eu escrevo com C ou QU (páginas 99 e 100)

LISTA 1	LISTA 2
CACHORRO	CUIDADO
QUEIJO	QUEIXO
CORUJA	CADEADO
TAPIOCA	QUIBE
QUERIDA	ESQUILO
ATACADO	MÁQUINA
QUILOMBO	CADEIRA
QUIABO	CORAÇÃO
CARINHO	RAQUETE
AQUILO	CABANA

- Pensando sobre a escrita com C ou QU (página 101)

Palavras como CARRO, CORAÇÃO e CUIA	Palavras como QUERIDO e QUILO

Palavras como CUIDADO, CADEADO e COPO	Palavras como QUIBE e QUEIJO

- Escrevendo legal com G/GU (páginas 102 e 103)

CARTELA 1

CARTELA 2

CARTELA 3

CARTELA 4

■ Pensando sobre a escrita com G/GU (página 103)

Palavras como GULA, GOIABA e GATO	Palavras como GUITARRA e MALAGUETA

Palavras como GUERRA e GUILHOTINA	Palavras como GOLA, GALHO e GUDE

- Cruzadinha do R e RR (páginas 104 e 105) – Letras para recortar

E	R	A
R	O	H
G	T	C
I	A	A
A	R	RR
T	T	O
R	A	T
A	Ç	A
O	O	C
Ã	RR	E
Ç	A	R
A	C	A
R	B	C
O	RR	B
C	S	T

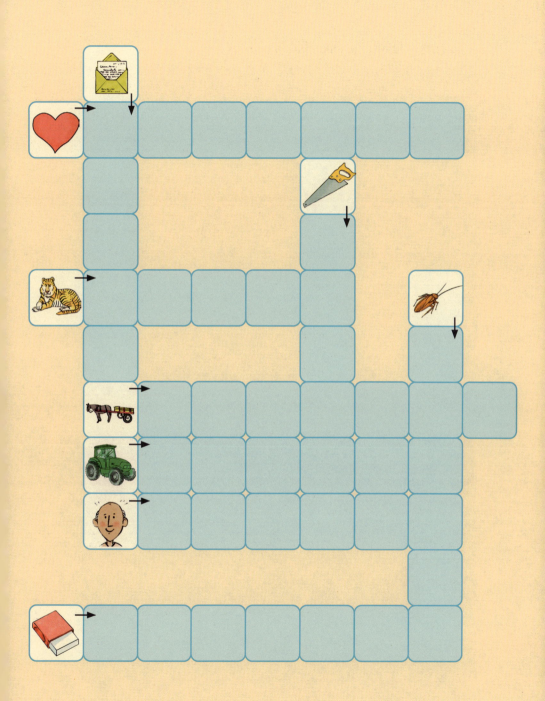

- É com R ou RR? (página 105)

PALAVRAS COM "R"	PALAVRAS COM "RR"

PALAVRAS COM "R"	PALAVRAS COM "RR"

- Ponto a ponto com M/N no final de sílaba (páginas 106 e 107)

- Em busca de palavras com M e N no final de sílaba (páginas 107 e 108)

CARTELA 1

CARTELA 2

APÊNDICE C

JOGOS DE REGULARIDADES MORFOLÓGICO-GRAMATICAIS

CONFIRA AS REGRAS NAS PÁGINAS 111 A 146

JOGOS DE CLASSIFICAÇÃO
REGULARIDADES MORFOLÓGICO-GRAMATICAIS

- Adivinha como é... Com EZ ou ÊS? (páginas 118 e 119)

> Meu primo nasceu na Noruega. Ele é _____ .

> Visitei a Holanda e adorei o povo _____ .

> O médico que veio da Dinamarca é _____ .

> Na Inglaterra, as pessoas falam _____ .

> A mulher só usa perfume da França. Seu perfume é _____ .

> Meu avô nasceu na Finlândia, ele é _____ .

> Um celular feito no Japão é um celular _____ .

> Fui visitar a Tailândia e gostei do povo _____ .

Meu primo nasceu na Escócia, então, ele é _____ .

Quem nasce na Irlanda é _____ .

Aquele menino é mudo. Ele tem _____ .

Que lençol macio! Adoro essa _____ .

João é estúpido. Só fala com _____ .

Chupei uma laranja bem ácida. Estava com muita _____.

Quando a pele é flácida, dizemos que tem _____ .

Que menino pálido! Assutei-me com sua _____ .

Minha amiga está tímida. Já disse que deixe de _____.

Francisco é sensato. Tem muita _____ .

Lúcia está grávida e o marido está feliz com sua _____ .

Felipe está embriagado. Que estado de _____.

- Como eu escrevo? Com EZ ou ÊS? (páginas 120 e 121)

ROBUSTO	FLUIDO
VIÚVA	ESCASSO
LÚCIDO	ESBELTO
RÁPIDO	PÁLIDO
ÁCIDO	SÓLIDO
MACIO	MESQUINHO
BOLONHA	POLÔNIA
JAVA	PEQUIM
BARCELONA	PAQUISTÃO
ALBÂNIA	JAPÃO
GÊNOVA	LÍBANO
MILÃO	CHINA

- Memória com AL/AU (página 122)

BACALHAU	BERIMBAU	CACAU
PAU	MANGUEIRAL	BANANAL
ROSEIRAL	CASTANHAL	FLORESTAL
ABDOMINAL	MUSICAL	DENTAL

- Essa é minha... Com AL ou AU? (página 124)

GALAL__	MING__
CUR__	BACALH__
DEGR__	CAC__
P__	COLOR__
ABDOMIN__	AMBIENT__
FACI__	DENT__
GENI__	ESPACI__
ACIDENT__	MEDICIN__
COQUEIR__	JABOTICAB__
CANAVI__	CAFEZ__
BAMBUZ__	LARANJ__
PINHEIR__	BANAN__

- Como eu escrevo? Com ICE ou ISSE? (páginas 126 e 127)

GAIATO	TOLO
MENINO	TAGARELA
ESQUISITO	GULOSO
MEIGO	CHATO
VELHO	DORMIR
SAIR	CONSEGUIR
PARTIR	OUVIR
DIRIGIR	ENCARDIR
ENCOBRIR	EXPLODIR

- Adivinha como é... Com ICE ou ISSE? (páginas 128 e 129)

Amanda é cheia de tol_____ .

Não aguento a chat_____ do meu irmão.

Minha prima é cheia de meigu_____ .

Vovô convive bem com sua velh_____ .

Pedro fala muito. Que tagarel_____ !

Marcos come com gulod_____ .

Antônio é cheio de esquisit_____ .

Apesar de adulto, Luan se comporta com menin_____ !

Pedi que Andreia divid_____ o lanche comigo.

Fiquei com medo que meu cachorrinho fug_____ de casa.

Não pensei que meu tio dirig _____ tão bem.

Queria que você v _____ minhas fotos.

Se ela ouv _____ os conselhos de sua mãe, não teria ficado de castigo.

Queria que ela sa _____ da minha frente!

Mamãe mandou que eu dorm _____ cedo.

Estou com raiva de Thiago. Queria que ele sum _____ de minha frente.

- Aconteceu ou vai acontecer? Com AM ou ÃO? (páginas 131 e 132)

PULARAM	PULARÃO	ANDARAM	ANDARÃO
FALARAM	FALARÃO	ARRUMARAM	ARRUMARÃO
PEDALARAM	PEDALARÃO	PASSEARAM	PASSEARÃO
PINTARAM	PINTARÃO	LANCHARAM	LANCHARÃO
APONTARAM	APONTARÃO	ESTUDARAM	ESTUDARÃO
CANTARAM	CANTARÃO	VIAJARAM	VIAJARÃO

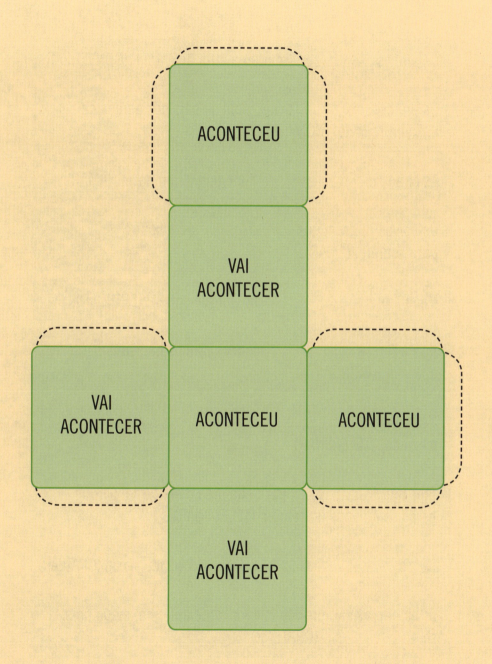

- Adivinha como é... Com AM ou ÃO? (páginas 132 a 134)

Os alunos _____ muito na aula de ontem. (CONVERSAR)

Os professores _____ com os pais dos alunos na próxima reunião. (CONVERSAR)

As crianças _____ o filme que viram na TV. (AMAR)

Os noivos juraram que _____ um ao outro para sempre. (AMAR)

Meus amigos _____ no parque ontem. (BRINCAR)

José e Teresa _____ com os primos na semana que vem. (BRINCAR)

Ana e Laura _____ para a prima na semana passada. (TELEFONAR)

Eles não _____ para sua mãe mais tarde, porque estão sem bônus no celular. (TELEFONAR)

Eles se _____ com a fofoca que Michele fez ontem. (CHATEAR)

Se eu não avisar que vou chegar tarde amanhã, meus pais se _____ . (CHATEAR).

Meus amigos me _____ para a festa de ontem. (CONVIDAR)

Será que eles me _____ para o churrasco no próximo domingo? (CONVIDAR)

Os professores _____ que Miguel não tinha estudado, mas ele estudou muito antes de vir para a escola. (PENSAR)

Da próxima vez, os meninos _____ duas vezes antes de desobedecer. (PENSAR)

As crianças se _____ com o cachorro que pulou o muro. (ASSUSTAR)

Será que vocês se _____ se assistirem a um filme de terror hoje à noite? (ASSUSTAR).

Ontem, na festa, vocês _____ muito. (DANÇAR)

Laura e Lívia _____ amanhã, na festa da escola. (DANÇAR)

Ontem de noite, os homens _____ ao guarda onde ficava o Mercado da Boa Vista. (PERGUNTAR)

Se eles não acharem a casa de Marcelo, _____ . (PERGUNTAR)

JOGOS DE ESCRITA
REGULARIDADES MORFOLÓGICO-GRAMATICAIS

- Acertando a escrita com ÊS/EZ (páginas 136 e 137)

O menino que nasce na **China** é _____ .

Antônio foi morar no **campo**. Agora ele é um _____ .

Cristiano Ronaldo é de **Portugal**, logo ele é _____ .

O leão das **montanhas** é o leão _____ .

Paula visitou **Gênova** e trouxe coisas do comércio _____ .

André foi à **Albânia** e gostou do povo _____ .

Vovô foi à **Noruega** e trouxe um CD de um grupo _____ .

Um antigo papa nasceu na **Polônia**. Ele era _____ .

A **Finlândia** é uma região bonita! Como é legal o povo _____ .

Os habitantes do **Japão** falam o _____ .

Meu tio está **inválido**. Foi aposentado por _____ .

Aquele menino está **nu** e nem tem vergonha da sua _____ .

Hoje José está **viúvo**! Está muito sozinho com essa _____ .

Que mulher **altiva**! Comporta-se com muita _____ .

Maria está uma **grávida** bonita. É uma linda _____ .

A água do rio está **límpida**. Vamos preservar essa _____ .

Caio é um homem muito **honrado**. Um exemplo de _____ .

Letícia é **tímida** e não consegue disfarçar essa _____ .

Viu como Bruno está **pálido**? Nossa, que _____ !

Felipe é **gago**, mas lida bem com sua _____ .

- Soletrando com AL/AU (páginas 139 e 140)

COLORAU	GRAU
NAU	MINGAU
DEGRAU	BACALHAU
CACAU	PAU
BERIMBAU	SARAU
FINAL	PESSOAL
MEDICINAL	CEREBRAL
NATURAL	PINHEIRAL
BANANAL	ROSEIRAL
ARROZAL	COQUEIRAL

- Cumprindo a missão com AL/AU (páginas 140 e 141)

| MISSÃO 1 | Escrever 6 palavras terminadas com AL. |

| MISSÃO 2 | Escrever 3 palavras terminadas com AL e 3 terminadas com AU. |

| MISSÃO 3 | Escrever 1 palavra terminada com AU e 5 terminadas com AL. |

| MISSÃO 4 | Escrever 2 palavras terminadas com AU e 4 terminadas com AL. |

| MISSÃO 4 | Escrever 2 palavras terminadas com AL e 4 terminadas com AU. |

- Ponto a ponto com ICE/ISSE (página 142)

LIGEIRO	GULOSO
MEIGO	VELHO
CAVALO	MACACO
PERALTA	CRIANÇA
CARETA	CHATO
PARTIR	SUMIR
SAIR	SERVIR
DESISTIR	ABRIR
RESISTIR	GARANTIR
MENTIR	OUVIR

- Cumprindo a missão com ICE/ISSE (páginas 143 e 144)

MISSÃO 1 — Escrever 3 palavras terminadas com ICE e 3 terminadas com ISSE.

MISSÃO 2 — Escrever 1 palavra terminada com ICE e 5 terminadas com ISSE.

MISSÃO 3 — Escrever 2 palavras terminadas com ICE e 4 terminadas com ISSE.

MISSÃO 4 — Escrever 4 palavras terminadas com ICE e 2 terminadas com ISSE.

MISSÃO 5 — Escrever 5 palavras terminadas com ICE e 1 terminadas com ISSE.

- Soletrando com AM/ÃO (página 145)

AMAR (ACONTECEU)	DANÇAR (VAI ACONTECER)	CHAMAR (ACONTECEU)	ESTUDAR (VAI ACONTECER)
BRINCAR (VAI ACONTECER)	PENSAR (ACONTECEU)	LIGAR (ACONTECEU)	PASSEAR (VAI ACONTECER)
CHEGAR (ACONTECEU)	COZINHAR (VAI ACONTECER)	ENTREGAR (ACONTECEU)	PINTAR (VAI ACONTECER)
CANTAR (VAI ACONTECER)	GOSTAR (ACONTECEU)	LEVANTAR (ACONTECEU)	FALAR (VAI ACONTECER)
NADAR (ACONTECEU)	ESCAPAR (VAI ACONTECER)	BRIGAR (ACONTECEU)	VIAJAR (VAI ACONTECER)

Este livro foi composto com tipografia Minion Pro e impresso
em papel Off-White 70g/m² na Formato Artes Gráficas.